Manuel Angerer

WIE UNS DIE NATUR DEN WEG WEIST

Permakultur verstehen und anwenden

ISBN 978-3-99025-441-7

printed by GPS-Group

Cover: freya_art
Layout: freya_art, Regina Raml-Moldovan
Lektorat, Korrektorat: Dorothea Forster, Julia Angerer
Fotos: Manuel Angerer
Illustrationen: Kaya Pühringer, © Adobe Stock: Xenia800 (Pinselstriche)

Mehr Infos zum Autor Manuel Angerer:

Web: www.bunte-permakultur.at

E-Mail: hallo@bunte-permakultur.at

Manuel Angerer

Wie uns die Natur den Weg weist

Permakultur verstehen und anwenden

Mit Leitfaden zur naturnahen Gestaltung eines Gartens

freya

INHALT

Einleitung

Überall in der Natur finden sich Kreisläufe und Muster. Einige davon sind uns so vertraut, dass wir sie ohne darüber nachzudenken ganz natürlich wahrnehmen und in unsere Lebensgestaltung miteinbeziehen. Wir haben von klein auf gelernt mit ihnen umzugehen und unsere Lebensumstände an sie angepasst. Würden wir die vier Jahreszeiten als Beispiel hingegen das erste Mal durchleben, wäre der erste Eindruck wohl geprägt von einem Gefühl der Verwirrung und des Durcheinanders. Vom kompletten Stillstand im Winter über den energiegeladenen Frühling und Sommer bis zum erneuten Rückzug im Herbst findet innerhalb eines kurzen Zeitraums ein enormer Wandel statt. Dadurch dass sich die vier Jahreszeiten mit all ihren Eigenschaften und Auswirkungen aber jedes Jahr wiederholen, entsteht ein regelmäßiger Kreislauf, der uns mit jeder Wiederholung vertrauter wird und dessen Muster wir mit jedem Mal besser erkennen und verstehen.

Jeder Kreislauf und jedes Muster erzählt uns etwas über die Vorgänge in der Natur. So berichten die vier Jahreszeiten von den Umrundungen der Erde um die Sonne und der geneigten Erdachse zur Umlaufbahn.

Entwickeln wir einen genauen Blick für die vielfältigen Ausdrucksweisen der Natur, beginnt uns jede Pflanze, jedes Tier, jeder Bach und jede Landschaftsform von ihrer eigenen Geschichte zu erzählen.

Je mehr wir lernen hinzuschauen und zuzuhören, desto besser werden wir die Welt, in der wir leben, verstehen. Und je besser wir sie verstehen, umso leichter wird es uns fallen, all die natürlichen Prozesse in unsere Lebensgestaltung miteinzubinden, anstatt sie außer Acht zu lassen und gegen sie zu arbeiten.

Mit diesem Buch möchte ich jedem Leser und jeder Leserin ein achtsames Beobachten und Zuhören der Natur und ihrer Ausdrucksweisen näherbringen und Möglichkeiten aufzeigen, wie diese Fähigkeit und das erlangte Wissen Anwendung finden können.

Permakultur ist dabei ein zentrales und hilfreiches Werkzeug. Ihre Herangehensweisen stützen sich auf ein Verständnis natürlicher Vorgänge und werden Schritt für Schritt erläutert. Von Kapitel zu Kapitel wird sich dieses Verständnis und das damit einhergehende Wissen vertiefen und im vierten Kapitel als konkretes Beispiel im Garten Anwendung finden.

Dieses Buch richtet sich aber nicht nur an Menschen, die einen eigenen Garten besitzen, sondern an all jene, die an grundlegenden Vorgängen und Ausdrucksweisen der Natur interessiert sind und Permakultur als Gestaltungssystem kennenlernen möchten.

Die Prinzipien der Permakultur reichen weit über die Gartenzäune hinaus und lassen sich in allen Lebensbereichen anwenden. Im letzten Kapitel werden einige davon aufgegriffen, um ein Weiterdenken anzuregen.

Ich verwende ganz bewusst eine einfache und bildhafte Sprache, um die komplexen Abläufe in der Natur darzustellen. Anstatt Begriffe isoliert aus einer rein wissenschaftlichen Sicht zu betrachten, beschreibe ich das gesamte Bild im Kontext.

Ich möchte dabei anregen, ein grundlegendes Verständnis sowie ein intuitives Gespür für die einzelnen Themen und Inhalte zu entwickeln.

Wenn ich von *der Natur* schreibe, dann meine ich das vielfältige Geflecht an Leben, das diesen Planeten bewohnt – uns Menschen miteingeschlossen. Im Gegensatz zu vielen Naturvölkern, die keine Begrifflichkeit für *die Natur* kennen und sich ganz selbstverständlich als Teil des großen Ganzen betrachten, schließt die Definition von *Natur* in der deutschen Sprache uns Menschen aus.

Unter *Natur* wird im Allgemeinen der Teil der Welt verstanden, der vom Menschen unberührt ist. Das lässt den Eindruck erwecken, dass ein Menschenleben separat von *der Natur* existiert.

Wir sind aber genauso ein Teil davon und eingebettet in dieses Geflecht an Leben, das eng mit jedem weiteren Bestandteil verbunden ist. Es wundert nicht, dass wir dieses Eingebundensein in unserer westlichen Welt heute immer weniger wahrnehmen und fühlen. Denn wir leben heute in einer Art und Weise, die uns den Eindruck vermittelt, von den Umständen, die *draußen* in der Natur passieren, abgetrennt zu sein.

Dass diese Abgetrenntheit und verlorene Verbindung uns aber zu den Situationen und Herausforderungen gebracht haben, in denen wir uns zurzeit befinden, zeugt davon, dass es an der Zeit ist, uns wieder an unsere Wurzeln zu erinnern.

Wenn wir wieder beginnen uns als Teil des großen Ganzen wahrzunehmen, entsteht ein ganz natürliches Bedürfnis der Natur mit Respekt und Wertschätzung zu begegnen.

Ich wünsche dir viel Freude beim Lesen und freue mich, wenn ich dir neue Blickwinkel auf die faszinierenden Vorgänge in der Natur eröffnen und Permakultur als Gestaltungssystem näherbringen kann.

Lasst uns mit Neugierde, Achtsamkeit und Tatendrang gemeinsam vorangehen.

Lösungen für eine komplexe Welt

Unsere Welt lebt von Vielfalt und Komplexität. Nur mit diesen kann das große Geflecht an Leben auf der Erde in Fülle existieren und erblühen. So wie jede Lebensform eng mit ihrer Umgebung verknüpft ist, sind es auch wir Menschen. Unsere Lebensqualität wird maßgeblich davon bestimmt, in welchem Zustand sich all die verschiedenen Lebensformen rund um uns befinden. Und umgekehrt nehmen auch wir mit unserem Verhalten und Wirken großen Einfluss darauf, wie sich Leben rund um uns entfalten kann.

Was wir derzeit in großem Ausmaß im Weltgeschehen sehen und erleben, ist ein Versuch die Welt zu vereinfachen, sie kontrollieren zu wollen und geradlinigen Vorstellungen anzupassen. Von einer einfältigen Landwirtschaft über endloses Wirtschaftswachstum bis zu vielen sozialen Ungerechtigkeiten – die derzeitigen Systeme beruhen auf Konzepten, die ihren Ursprung meist in guter Absicht hatten, ihre nützliche Wirkung jedoch verloren haben und nun viel Schaden anrichten.

Ein neuer Mittelpunkt

Durch die steigende Weltbevölkerung werden all diese Systemschwächen immer klarer sichtbar. Jede Verhaltensänderung von uns Menschen hat entscheidende Auswirkungen überall auf diesem Planeten. Das bringt einerseits große Herausforderungen mit sich, andererseits aber auch ein großes Potenzial. Denn genauso schnell wie die Menschheit die Erde derzeit ihrer Vielfalt und Ressourcen beraubt, genauso schnell können wir ihr wieder zu Vielfalt, Stabilität und Fülle verhelfen. Dass wir unser eigenes Wohlbefinden und das Erblühen der Natur wieder vor rein wirtschaftliche Interessen stellen, ist dabei von entscheidender Bedeutung. Sobald wir das tun, beginnen wir wieder Strukturen zu kreieren, die uns dienen und unterstützen, anstatt uns in Systeme zu verflechten, die mit viel Aufwand und ohne Rücksicht auf laufende Veränderungen zwanghaft aufrechterhalten werden müssen.

Der Weg zu einer neuen Art und Weise unser Wirken hier auf der Erde zu gestalten, das verträglicher für die Gesamtheit an Leben ist, führt uns unweigerlich zu mehr Gleichschritt mit der Natur. Wenn wir die Vorgänge, die in der Natur stattfinden, besser verstehen und ganz natürlich in unsere Lebensgestaltung miteinbeziehen, findet weniger Reibung zwischen den Verhaltensmustern der Natur und denen von uns Menschen statt.

Die negativen Auswirkungen unserer Lebensweise reduzieren sich von ganz alleine. Und wir können sogar noch weitergehen, als nur keinen Schaden mehr anzurichten. Mit Verständnis und Achtsamkeit für die Natur lassen sich ganz einfach positive Impulse setzen und Veränderungen kreieren, die einen Mehrwert für das Leben auf der Erde darstellen. So entsteht nicht nur ein Nebeneinander, sondern ein sich gegenseitig unterstützendes Miteinander.

Selbstbestimmt handeln

Mit dem Versuch, die Welt zu kontrollieren und zu vereinfachen, hat sich die Menschheit komplizierte Strukturen geschaffen, innerhalb derer sie sich bewegt und agiert. Trotz realem Ressourcenüberfluss erleben wir oftmals ein Gefühl von Mangel und Unsicherheit. Und nicht selten haben wir das Gefühl, dass unsere Handlungen keinen Unterschied machen und unsere Entscheidungen keine Auswirkung haben. Diese Wahrnehmung täuscht aber. Denn der derzeitig wenig ausgeglichene Zustand unserer Gesellschaft und der Natur ist das Resultat einer endlos großen Anzahl kleiner Entscheidungen.

Jede Entscheidung, die wir treffen, hat eine Auswirkung und bewegt die Welt ein Stück in eine bestimmte Richtung. Viele kleine Entscheidungen summieren sich und formen sich so zu großen Schritten. Wenn wir darauf warten, dass die Veränderungen, die wir so dringend brauchen, von anderen kommen, geben wir unsere Verantwortung ab und begeben uns in einen Zustand der Ohnmacht und Abhängigkeit.

Für die nötigen Veränderungen brauchen wir hingegen Menschen, die gewillt sind, Verantwortung für ihre Lebensgestaltung zu übernehmen und mit Tatendrang voranzugehen. Es liegt an uns, die Veränderung zu leben, die wir in dieser Welt sehen wollen.

Auf der Suche nach Gleichgewicht

Immer wieder treffen wir auf die Begriffe *Nachhaltigkeit* und *Vielfalt*. Wenn wir also von einer vielfältigen und nachhaltigen Welt sprechen – was bedeutet das? Sehen wir uns dazu ein Beispiel aus der Natur an. Ein diverser Wald ist ein stabiles und nachhaltiges Ökosystem. Eine Vielzahl an Pflanzen und Tieren teilen sich diesen Lebensraum und jedes Element übernimmt eine Funktion und leistet seinen Beitrag zum Fortbestehen dieses Ökosystems. Kommt es zu Veränderungen durch Einflüsse von außen, ist das System gut gerüstet, denn in der Vielfalt an Lebewesen ist ein großes Anpassungspotenzial vorhanden. Selbst wenn einige Arten mit den neuen Verhältnissen nicht umgehen können, verteilt sich der entstehende Druck auf viele andere Bestandteile des Ökosystems. Die Natur sorgt durch diese Vielfalt für Stabilität. Dabei braucht es nicht zu wenig Vielfalt und nicht zu viel.

Es ist das Gleichgewicht, das für genügend Anpassungsfähigkeit sorgt, ohne dass ein großes Durcheinander entsteht. Um nun auch für Nachhaltigkeit zu sorgen, muss ein Ökosystem nicht nur vielfältig genug sein, um sich an Veränderungen anpassen zu können, sondern auch die Fähigkeit besitzen, sich ohne Hilfe von außen selbst zu erneuern. Produziert ein Wald nicht genügend fruchtbaren Boden, damit nachwachsende Bäume die alten ersetzen können, gerät der Wald aus dem Gleichgewicht und verliert seine Stabilität. Genauso kann der Grad an Nachhaltigkeit der menschlichen Lebensweise bewertet werden. Verbraucht eine Generation zu viele Ressourcen, muss die nächste Generation mit weniger auskommen oder es kommt zu einem Zusammenbruch aufgrund von Ressourcenknappheit.

Für eine nachhaltige Lebensweise benötigen wir also vor allem Gleichgewicht, Vielfalt und einen sorgfältigen Umgang mit den begrenzten Ressourcen auf der Erde. Wir brauchen Gemeinschaft, geeintes Vorgehen und viele individuelle Entscheidungen, die mit Achtsamkeit und Rücksicht gefüllt sind. Um selbstbestimmt diese Veränderungen herbeiführen zu können, brauchen wir das nötige Wissen und Verständnis dafür. Und hier kann uns Permakultur helfen.

Was ist Permakultur?

Permakultur ist ein Gestaltungssystem, das uns hilft, Entscheidungen zu treffen, die eine nachhaltige und vielfältige Welt als Intention in sich tragen. Permakultur nutzt dazu die Beobachtung natürlicher Vorgänge und setzt diese bei der Gestaltung von Lebensräumen ein. Sie stützt sich dabei auf ethische Werte und begegnet Herausforderungen mit Lösungsorientiertheit und Tatendrang.

Das Wort *Permakultur* setzt sich aus den beiden englischen Begriffen *permanence* und *agriculture* zusammen, was übersetzt so viel wie *permanente Landwirtschaft* bedeutet. Mit *permanent* deutet es auf eine vielfältige und stabile Landnutzung hin, die ein beständiges und friedvolles Leben von uns Menschen auf der Erde ermöglicht. Permakultur hat aber auch Lösungen für soziale Strukturen, Schaffung von gesundem Wohnraum und für faire Finanz- und Ressourcensysteme, damit eine *permanente Kultur* von uns Menschen auf der Erde entstehen kann. Genau das macht Permakultur so besonders. Es ist ein Gestaltungssystem, das sich nicht nur auf einen Kernbereich beschränkt, sondern alle Lebensbereiche in sich vereint und miteinander verknüpft.

Das Wissen und die Konzepte zur Permakultur wurden von den Australiern Bill Mollison und David Holmgren in den 1970er Jahren zusammengetragen und von Bill Mollison in einem umfassenden Handbuch (*Permaculture: A Designers´ Manual*) veröffentlicht.

Ihre Absicht war es, Menschen ein Werkzeug in die Hand zu geben, mit dem sich nachhaltige und individuelle Lösungen für unterschiedlichste Bedürfnisse und Anforderungen finden lassen. Dabei strukturierten sie den Weg von einer Idee oder einem Ziel zur Umsetzung in kleinere Zwischenschritte und verschiedenste Herangehensweisen. Das entstandene Gestaltungssystem nannten sie Permakultur. Permakultur stellt also keine steifen Herangehensweisen zur Verfügung, sondern hilft dabei, den passendsten Weg für eine Situation im Kontext der Umgebung zu finden.

Entscheidungen mit Weitblick

Permakulturgestaltung stützt sich auf ethische Werte. Diese Werte prägen jegliche Herangehensweisen und stehen am Anfang jeder Entscheidung, jedes Projekts und jeder Planung. Sie helfen uns zu überprüfen, ob das Vorgehen auch im großen Kontext stimmig ist.

Diese drei Werte sind:

- Verantwortung und Fürsorge für die Erde
- Verantwortung und Fürsorge für uns Menschen
- Faires Teilen und Zurückgeben von Überschuss

Jeder dieser Werte ist mit den anderen beiden verknüpft. Wenn wir sicherstellen, dass eine Fülle an sauberem Wasser, frischer Luft, fruchtbarem Boden und vielfältiger Natur im Überfluss vorhanden ist, sorgen wir ganz automatisch auch dafür, dass die Lebensgrundlage für uns Menschen erhalten bleibt. Ein faires Verteilen dieser Ressourcen ist wiederum die Grundlage für ein friedliches Zusammenleben als Basis für das Schaffen und Tun von uns Menschen. Und nur, wenn wir auch so viel zurückgeben, wie wir nehmen, bleibt die uns umgebende Natur intakt. Binden wir diese drei Werte in jede Entscheidungsfindung mit ein, wird ständig Veränderung zu mehr Gleichschritt mit der Natur stattfinden, bis ein harmonisches Miteinander entsteht.

Permakultur ist unser Werkzeug und Wegbegleiter, um zielgerichtet nachhaltige Lösungen für die unterschiedlichen Anforderungen unserer Lebensgestaltung zu finden. Permakultur verbindet Naturbeobachtung und praxisnahes Wissen mit einem ganzheitlichen Gestaltungssystem, bei welchem die ethischen Werte für das langfristige Wohlergehen aller Lebensformen sorgen.

Statten wir uns also mit dem nötigen Wissen und Verständnis aus, um unser Wohlergehen und ein erneutes Erblühen der Natur wieder selbst in die Hand zu nehmen.

Dazu lernen wir als Erstes zuzuhören. Denn die Natur kommuniziert sehr deutlich mit uns. Sie spricht zwar nicht in menschlichen Worten, dafür in Mustern und Kreisläufen. Mit ihren vielen Mustern und Kreisläufen erzählt sie uns über ihre Entstehung, ihr Verhalten und ihre Dynamiken. Von da aus können wir beginnen, neue Wege einzuschlagen.

Beobachten und Verknüpfen

Der Ausdruck der Natur kann sehr faszinierend sein. Es sind komplexe Formen, jedoch folgen sie alle bestimmten Mustern und Regeln. Jede Blüte und jedes Blatt wird nach diesen Mustern und Wuchsgesetzen geformt und doch ist jedes davon ein Unikat. Jeder Wald entwickelt sich nach den gleichen Prinzipien und doch sieht jeder anders aus. In der Unendlichkeit an Formen, Verknüpfungen und Prozessen in der Natur lassen sich klare Muster und Kreisläufe erkennen. Das Verständnis und das Erkennen dieser Muster ermöglicht uns, in Einklang und Harmonie mit der Natur zu arbeiten. Ein neuer Blickwinkel auf die Welt eröffnet sich uns.

Unendliche Muster

Überall zu jeder Zeit umgeben uns Muster. Von klein bis groß – die natürlichen Muster des Universums umgeben uns ständig. Sie sind so präsent, dass wir sie großteils gar nicht wahrnehmen. Erst wenn wir bewusst Ausschau halten, sehen wir sie überall.

• Was ist ein Muster?

Ein Muster ist ein Ausdruck eines Ereignisses. Es ist das entstandene Bild nach einem Vorgang in der Natur. Damit ein Muster entstehen kann, sind immer mindestens zwei Elemente beziehungsweise Kräfte involviert. Dort, wo diese aufeinandertreffen, wird das Ergebnis dieser Interaktion als Muster zum Ausdruck gebracht.

Wenn Wind über einen Sandstrand bläst, entstehen kleine Wellen im Sand. Das Muster, das dabei hervorkommt, ist Ausdruck des Drucks, der durch den Wind auf den Sand ausgeübt wird. Die Hügel- und Berglandschaften der Alpen sind sowohl Ausdruck der afrikanischen Kontinentalplatte, die in die eurasische drückt, als auch der ständigen Einwirkung von erodierenden Kräften wie Wasser, Eis und Wind. Beide Beispiele sind das Resultat von interagierenden Elementen und Kräften, die aufeinandertreffen. Der Bereich, wo das Muster zu sehen ist, ist dabei immer ein Grenz- oder Randbereich. Im Fall der kleinen Wellen im Sand hat der Sand seine Form geändert, die nun als Muster Ausdruck findet – allerdings nur an seinen Randbereichen, wo der Wind mit dem Sand in Berührung trat. Betrachten wir die Zone, wo sich die beiden Kontinentalplatten treffen und sich Gestein zu einer Gebirgskette gewölbt hat, befindet sich diese auch nur im Kollisionsbereich der Kontinentalplatten – also an den Rändern.

Es gibt einige **Grundmuster**, die sich überall finden lassen, doch innerhalb eines Musters ist keines genau gleich wie das andere. Überall finden sich kleine Variationen und Unterschiede. So ist jede der Wellen im Sand in ihrer Form ein Unikat. Und keine Berglandschaft gleicht exakt einer anderen.

Ganz gleich wie ein Muster aussieht, jedes Muster erzählt uns etwas über das Ereignis, bei dem es entstanden ist. Die Ausrichtung der kleinen Wellen im Sand verraten uns, aus welcher Richtung der Wind unterwegs war, als er die Wellen geformt hat. Die Form der Wellen wiederum erzählen von der Windgeschwindigkeit. Die Wölbung der Alpen von Ost nach West geben Aufschluss darüber, in welcher Richtung die beiden Kontinentalplatten kollidieren.

Sehen wir uns die Samenverteilung einer Sonnenblumenblüte an, erkennen wir hier ein Spiralmuster. Dieses Spiralmuster als Ausdruck der Wachstumsprozesse ist kein Zufall, es ist die effizienteste Samenverteilung, die mathematisch möglich ist. Jede einzelne Sonnenblume wird dieses Muster in ihrer eigenen Variation zum Ausdruck bringen. Das Beispiel der Sonnenblume unterscheidet sich aber in einem wesentlichen Punkt von den anderen beiden Mustern: Der Wind und der Sand lassen ein Muster durch Druck entstehen, genauso die beiden Kontinentalplatten.

Die Sonnenblume hingegen *nutzt* ein Muster, das sich über viele Jahrtausende im Laufe ihrer Evolution für eine effiziente Samenverteilung entwickelt hat. Und genau das können wir auch tun. Sobald wir verstehen, warum ein Muster entstanden ist, können wir es ebenso einsetzen, um unseren Lebensraum effizient zu gestalten. Mit Mustern zu arbeiten bedeutet, die Natur einzuladen, in unserem Leben mitzuwirken. Sie tut das gerne, weil sie diese Muster ohnehin ganz natürlich zum Ausdruck bringt.

Die Sonnenblume nutzt ein Spiralmuster zur effizienten Anordnung ihrer Samen.

Werfen wir nun einen Blick auf die gängigsten Muster in der Natur:

• Wellen

Fällt ein Stein ins Wasser, bilden sich durch den Einschlag Wellen. Genauso kann der Wind ein Auslöser für Wellen sein, der das Wasser in Bewegung versetzt, ganz gleich wie bei den vorhin erwähnten Wellen im Sand. Wellen entstehen in der Natur also meist durch einen Impuls. An der Form der Wellen lässt sich feststellen, wie diese entstanden sind – sie transportieren also die Information des Impulses weiter. Besonders gut veranschaulicht das die menschliche Stimme. Unsere Stimmbänder versetzen die Luft gezielt in Schwingung, sodass unsere Ohren diese Wellen als Laute, Worte oder Gesang entschlüsseln können. In der Tierwelt verwenden Schlangen und Raupen wellenförmige Bewegungen, um von einem Ort zum nächsten zu gelangen.

Wellen können in Form und Größe stark variieren und werden von ihrem Anfangsimpuls bestimmt. Die sanften Wellen im See bilden sich durch den Wind, der sie immer wieder neu entstehen lässt.

Beide Bilder zeigen das gleiche Muster. Flüssigkeiten fließen in einem Stromlinienmuster besonders effizient um ein Hindernis, sei es um einen Stein im Bachbett oder um einen eingewachsenen Ast.

• Stromlinien

Stromlinien sind Muster von Flüssigkeiten oder Gasen in Bewegung. Trifft ein Fluss auf einen Widerstand innerhalb des Flussbeckens, können sich stromlinienförmige Muster bilden, denn Wasser fließt in einem Stromlinienmuster besonders reibungsfrei und effizient rund um ein Hindernis. Dasselbe Muster lässt sich auch auf Holzbrettern finden, wenn sich die Fasern des Holzes um einen eingewachsenen Ast winden. In diesem Fall nutzt der Baum ein Stromlinienmuster, um Flüssigkeiten effizient von den Blättern zu den Wurzeln und umgekehrt zu leiten. Auch Tiere wie Fische und Vögel haben meist einen stromlinienförmigen Körperbau, um sich möglichst reibungsfrei durch Wasser und Luft fortbewegen zu können.

• Spiralen

Spiralen sind überall dort anzutreffen, wo kompakte Größen, erhöhter Austausch von Wärme und Energie, harmonisches Fließen und Reibung oder guter Halt benötigt werden. Sie sind nahezu überall in unserem Universum zu finden. Die Form von Galaxien und Wolkensystemen sind Spiralen, auch Schneckenhäuser wachsen spiralförmig und vielleicht lassen sich auch auf den eigenen Fingerkuppen Spiralen finden. Die engen Spiralen auf unseren Fingerkuppen sorgen für guten Halt in unseren Händen. Wären unsere Finger vollkommen glatt, würden wir rutschige Dinge weniger gut festhalten können. Auch Kletterpflanzen winden sich in Spiralen an Bäumen hoch oder verwenden spiralförmige Ranken, um sich an anderen Pflanzen oder Spalieren festzuhalten.

Die spiralförmig angeordneten Rillen unserer Fingerkuppen sorgen für maximalen Halt bei möglichst geringer Fläche.

Es gibt sehr enge Spiralen, wie die auf unseren Fingerkuppen, breite Spiralen wie Wettersysteme und Wachstumsspiralen.

Wachstumsspiralen findet man sehr häufig in der Natur. Schneidet man quer durch eine Wachstumsspirale, findet sich eine mathematische Reihenfolge, die als Fibonacci-Folge bekannt ist. Bei dieser Zahlenfolge ergibt die Summe der zwei vorhergehenden Zahlen die nächste Zahl in der Reihenfolge. Bei eins wird gestartet: 1+1+2+3+5+8+13+21 … Jede Wachstumsspirale breitet sich nach dieser Reihenfolge aus. Ganz gleich, ob wir auf die Spiralform eines Haselwurzblattes blicken, auf die von einem ausrollenden Blatt eines Farns oder die bereits erwähnte Samenverteilung einer Sonnenblume.

In einer Sonnenblumenblüte findet sich immer eine ganz bestimmte Anzahl an Spiralen, zum Beispiel 34 Spiralen, die sich in die eine Richtung drehen und 55 Spiralen in die andere. Beide Zahlen sind immer Teil der Fibonacci-Folge.

Viele Blattformen bestehen aus zwei gespiegelten Spiralen. Im Fall des Blatts einer Haselwurz am Waldboden findet sich hier sogar die Fibonacci-Folge wieder.

Das Blatt eines Farns rollt sich ebenso in einer Spiralform nach der Fibonacci-Folge aus.

Ein Schneckenhaus ist durch die Spiralform sehr kompakt und bietet trotzdem viel Platz im Inneren.

Auch ein Lappenmuster sorgt für ausreichend Halt in den Händen. Dieses Muster könnte aber genauso die Höhenlinien einer Landschaft zeigen. Die engen Kurven in der Mitte des Musters stellen in diesem Fall einen Hügel oder ein Tal dar.

- Lappen

Wer keine Spiralen auf den Fingerkuppen finden kann, der findet Lappenmuster. Lappen sind auch zu sehen, wenn wir von oben auf Ökosysteme, Flüsse oder Hügel blicken. Auch Höhenlinien auf Landkarten bilden Lappenmuster aus. Am einfachsten lassen sich Lappenmuster in der Natur bei Blättern finden. Ein Eichenblatt mit seinen typischen Buchtungen am Blattrand verdeutlicht das Muster eines Lappens als Beispiel sehr anschaulich. Lappen finden sich ebenso in unserem menschlichen Körper wieder, zum Beispiel im Darm, um das Verhältnis von Oberfläche zu Volumen zu optimieren. Durch diese gewölbte Form haben mehr Mikroorganismen bei gleichem Volumen Platz. Und auch der Kamm eines Huhns hat eine gelappte Form. Der Kamm hilft Hühnern bei der Regulierung ihrer Körpertemperatur. Um den Kamm so effizient, jedoch so klein wie möglich auszubilden, hat sich im Laufe der Evolution auch hier ein Lappenmuster ausgebildet.

Der Kamm eines Huhns nutzt das Lappenmuster für eine effiziente Kühlung.

- Verzweigungen

Verzweigungen sind in der Natur immer dann zu finden, wenn Gase, Flüssigkeiten oder andere Materien effizient gesammelt oder verteilt werden. Flüsse und Bäume sind gute Beispiele für ein Zweigmuster. Aber auch das Leitungssystem in unserer Lunge ist in einem Zweigmuster aufgebaut. Unser Körper nutzt dieses Muster, um die eingeatmete Luft ideal in den Lungenflügeln zu verteilen. Bei einem Zweigmuster fließen kleine Äste in immer größere, bis sich alle Verzweigungen in einem großen Stamm treffen. Die kleinen Verzweigungen transportieren wenig Volumen, dafür ist die Geschwindigkeit sehr hoch. Wie zum Beispiel kleine, aber schnelle Bachläufe in Bergregionen, die an steilen Gebirgshängen hinunterfließen. Die größeren Äste und der Stamm des Flusses transportiert das Wasser deutlich langsamer, dafür ist das Volumen umso größer. Manche Flüsse teilen sich bei der Mündung ins Meer dann wieder in viele kleinere Verzweigungen. Das Muster wiederholt sich also, ganz ähnlich wie sich das Verzweigungsmuster eines Baumes im Wurzel- als auch im Kronenbereich wiederfindet.

Hier zu sehen ist das Zweigmuster eines Eichenbaums. Genau gleich kann aber auch die Mündung eines Flusses von oben aussehen oder die Verzweigungen der Atemwege in unseren Lungenflügeln.

• Netze

Netze unterscheiden sich von den bisher erwähnten Mustern, denn sie entstehen nicht durch Druck, Fließen oder Wachstum, sondern durch Schrumpfen. Viele Netzmuster haben die Form eines Sechsecks. Sechseckig deshalb, weil sich Sechsecke aneinanderreihen lassen, ohne dass dabei Leerräume entstehen. Der zur Verfügung stehende Platz ist somit ideal genutzt.

Honigbienen nutzen diese Form und bauen sechseckige Netze, die wir als Waben bezeichnen. Weitere Beispiele für Netze sind die Rinde von Bäumen, Spinnennetze, getrockneter Lehm oder auch Schneeflocken. Schneekristalle formen sich immer als sechseckige Sterne, weil Wasser immer in diesem Muster gefriert. Jede der jemals gefallenen Schneeflocken ist anders als die andere, jede davon ist aber ein sechseckiger Stern. Gefriert Wasser auf einem See oder Teich ist die entstehende Eisdecke eine Anordnung von gefrorenen Wassermolekülen in einer sechseckigen Gitterform.

Die sechseckigen Bienenwaben lassen sich ohne Leerräume aneinanderreihen, damit möglichst viele Larven oder Honig auf wenig Fläche Platz haben.

Trocknet lehmiger Boden aus, schrumpft er in seinem Volumen, wodurch er in einem Netzmuster reißt.

Durch das Wachstum des Baums wird der Umfang des Stammes immer größer. Die Rinde reißt durch diese Ausdehnung in einem gleichmäßigen Netzmuster.

• Sphären

Unter Sphären versteht man nicht perfekt symmetrische Kugeln oder Kreise. Die Erde zum Beispiel ist eine Sphäre. Sie ist keine perfekte, runde Kugel, da durch die Erdrotation der Bereich um den Äquator weiter auseinandergezogen wird. Jeder Himmelskörper, der mehr als einige hundert Kilometer Durchmesser misst, wird durch die eigene Rotation zu einer Sphäre geformt. Bei einer Sphäre ist das Verhältnis von Oberfläche zu Volumen am kleinsten im Vergleich zu allen anderen Formen. Das heißt, dass viel Volumen in sehr wenig Oberfläche Platz findet. Daher macht es Sinn, dass Planeten kugelförmig sind und nicht quaderförmig mit Ecken. Viele Früchte, wie zum Beispiel eine Kiwi oder eine Orange, haben ebenfalls die Form einer Sphäre. Hier nutzt die Pflanze wieder ein Muster, um besonders viel Volumen in möglichst wenig Oberfläche zu verpacken, die von anderen Lebensformen angegriffen werden kann.

Auch die Jahresringe eines Baumes sind keine perfekten Kreise. Die sphärischen Ringe zeigen die Wachstumsbedingungen des Baumes während seiner Lebenszeit.

Verschachteln und stapeln

Mit etwas Aufmerksamkeit lassen sich die genannten Grundmuster überall in unserer natürlichen Umgebung entdecken. Meist finden sich sogar mehrere Muster innerhalb eines Elements in der Landschaft. Ein Baum ist dafür ein ideales Beispiel: Je nachdem, aus welcher Perspektive wir einen Baum betrachten, zeigen sich diese verschiedenen Muster. So sind die Wurzeln und Äste vertikal gesehen ein Zweigmuster, am Stamm erscheint die gerissene Rinde in Form eines Netzmusters. Ein weiteres Muster lässt sich beim horizontalen Durchschneiden des Stammes erkennen: die Jahres- oder Wachstumsringe kommen in Form eines Sphärenmusters zum Vorschein. Spiralen verwendet der Baum zum Ausrollen seiner Blätter im Frühling, welche wiederum die Form eines Lappenmusters annehmen. Und vom Ort der Keimung aus wächst der Baum in einem Gleichgewicht an Stabilität und Saftfluss nach oben und unten, was sich in Stromlinienmustern zeigt.

Es ist kein Zufall, all diese Muster in einem Baum zu finden. Denn ein Baum hat gute Gründe, warum er diese Muster so ausbildet und nutzt, wie er es tut. Durch seine geordneten Verzweigungen in den Ästen und Wurzeln sorgt er für eine ideale Verteilung von Nährstoffen, Saftfluss sowie Spannungs- und Druckkräften. Der Stamm ist rund geformt, damit möglichst viel Volumen innerhalb der Rinde Platz hat. Somit ist die Fläche, die er gegen Krankheiten und Fressfeinde zu schützen hat, so gering wie möglich. Der Stamm ist dabei aber nicht zu einem perfekten Kreis geformt, sondern in Form einer Sphäre, die Ausdruck der einwirkenden Kräfte auf den Baum ist. Die sphärischen Jahresringe erzählen Geschichten von Wind, Wetter und Verletzungen, die der Baum im Laufe seiner Lebenszeit erfahren hat. Und die Rinde lässt er beim Wachstumsprozess des dicker werdenden Stammes in einem gleichmäßigen Netz reißen, damit nicht eine große Narbe entsteht, sondern viele kleine.

Was uns der Baum damit zeigt, ist eine Stapelung von Mustern innerhalb seiner Form. Daraus können wir lernen, Muster nicht nur einzeln anzuwenden, sondern sie ineinander zu verschachteln und zu stapeln. Das sorgt für Effizienz und Anpassungsfähigkeit. Im Laufe dieses Buches werden wir einige Anwendungsbeispiele dieser Muster in Gärten und Landschaften kennenlernen.

Das heutige Landschaftsbild ist geprägt von Geraden und rechten Winkeln, was wenig mit achtsamer Landschaftsgestaltung zu tun hat. Für das menschliche Auge sieht das Rechteckmuster zwar geordnet aus, für die lebendige Umgebung bedeutet ein Rechteckmuster allerdings Unordnung, weil es natürliche Gegebenheiten ignoriert und wenig vielfältigen Lebensraum zur Verfügung stellt.

Ein Mosaik aus Mustern

Aus der Beobachtung dieser natürlichen Muster erkennen wir, dass sie in ihren Formen und Eigenschaften ständig variieren und keines von ihnen in irgendeiner Form gerade oder rechteckig erscheint. Manchmal finden sich kurze, fast geradlinige Elemente, aber sie verlaufen nie völlig gerade. Das Rechteckmuster, das die Menschheit über die Landschaft gelegt hat, ist also keineswegs harmonisch auf die Landschaft abgestimmt. Es ignoriert die natürlichen Gegebenheiten vollständig. Nichts in der Natur ist gerade oder vollkommen gleich. Dadurch dass die natürlichen Muster Ausdruck von effizientem Verhalten sind, können wir auch darauf schließen, dass ein Rechteckmuster wenig effizient im Umgang mit Ressourcen und natürlichen Einflüssen ist. Ein Rechteckmuster ist zwar für Messinstrumente und Berechnungen praktisch, aber in keinster Weise im Einklang mit der Umgebung.

Eine sinnvolle Aufteilung von Regionen und Grundstücken richtet sich nach den landschaftlichen Gegebenheiten, wie zum Beispiel den Graten von Bergen oder Hügeln, den Wasserläufen, Höhenlinien oder durch einen Wechsel der möglichen Nutzung in der Landschaft. Beginnen wir dann, die entstehenden Regionen, Grundstücksformen und landwirtschaftlich genutzten Flächen mit den Mustern der Natur zu gestalten, formt sich ein Teppich an zusammenhängenden und sich gegenseitig unterstützenden Mustern quer über die Landschaft. Das Ergebnis einer Landschaftsaufteilung nach den natürlichen Gegebenheiten wird auf diese Weise nicht nur sehr effizient und produktiv, sondern auch ästhetisch ansprechend, weil unser Auge harmonisch eingefügte Strukturen und Elemente stimmig wahrnimmt. Eingriffe in die Landschaft lassen sich so deutlich organischer einfügen und auch die Tierwelt wird sich wieder besser in der Landschaft zurechtfinden.

An den Rändern

Wie wir nun wissen, entstehen immer dort, wo sich zwei Elemente treffen, besondere Randzonen. Bei Ökosystemen zeichnen sich diese Randzonen durch besonders hohe Vielfalt und Artenreichtum aus. Sie sehen immer anders aus, je nachdem welches Ökosystem ans nächste grenzt. Grenzt ein Wald an eine Wiese, findet sich im Übergangsbereich eine Hecke beziehungsweise der Waldrand. Dieser Rand beherbergt eine deutlich höhere Anzahl an verschiedenen Pflanzen und Tieren, als innerhalb des Waldes oder der Wiese zu finden ist, da dieser Bereich nun die Vorzüge beider Ökosysteme nutzt. Ein Teichrand ist ebenfalls eine solche Randzone. Wieder finden sich viele tierische und pflanzliche Bewohner ein und es ist mehr Vielfalt und Artenreichtum vorhanden, als innerhalb des Teiches.

Diese Randzonen sind von besonderer Bedeutung, denn in ihnen steckt großes Potenzial für Fruchtbarkeit und Produktivität. Ebenso sind sie Sammler von Ressourcen. Der Wind lässt Blätter und Staub an Waldrändern fallen, nährstoffreicher Schlamm wird an Flussufern angeschwemmt. An Wegrändern staut sich Wasser und die Vegetation ist üppiger, an Hausmauern ist es wärmer und manche Pflanzen wachsen besser.

Diese Muster und Effekte können wir in die Gestaltung von Gärten und Landschaften einbeziehen. Das beginnt damit, eine Vielzahl an kleinen Ökosystemen zu integrieren. So entstehen automatisch Rand- und Grenzbereiche. Wenn wir die Formen dieser kleinen Ökosysteme nun verändern, können wir diese wertvollen Randbereiche auch bewusst verlängern. Ein kreisrunder Teich hat zum Beispiel einen sehr kurzen Randbereich in Relation zur Teichfläche. Formen wir den Kreis bei gleicher Fläche nun kurviger, also gelappt, verlängert sich der Randbereich deutlich. Wenn wir aber zu kurvig gestalten, wird es unübersichtlich und die Produktivität nimmt wieder ab. Deshalb setzen wir diese Randbereichsverlängerung nur bis zu einem gewissen Ausmaß ein. Wir suchen den Punkt, an dem es gerade noch nicht chaotisch wird. In den entstehenden Kurven bieten sich dann viele Möglichkeiten zur Stapelung von weiteren Mustern.

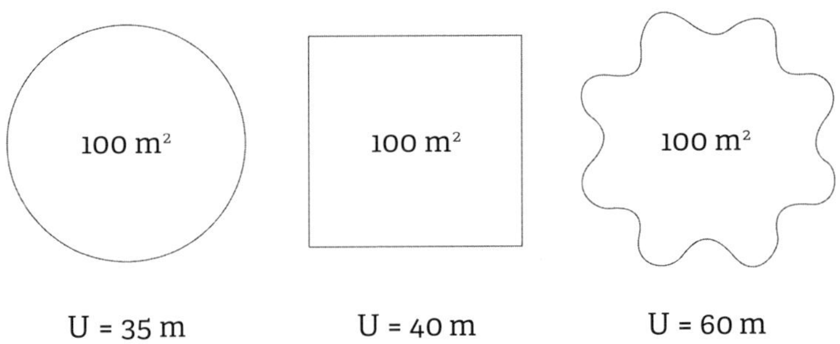

Die Form einer Fläche hat großen Einfluss auf dessen Umfang. Je nachdem, welche Anforderungen an eine Fläche gestellt werden, kann so die richtige Form gefunden werden.

Dieses Spiel mit dem Verhältnis von Fläche zu Randlänge ist ein wesentliches Gestaltungselement der Permakultur. Überall dort, wo sich zwei verschiedene Materien, Gegensätze, Strukturen oder Ökosysteme treffen, gibt es Potenzial für Veränderung, Artenreichtum und Vielfalt. Um nun stabile Ökosysteme mit produktiven Randbereichen und einer sinnvollen, natürlichen Mustergestaltung selbst etablieren zu können, sehen wir uns im nächsten Schritt an, wie stabile Ökosysteme in der Natur ohne menschlichen Eingriff entstehen. Dazu fügen wir unseren Beobachtungen nun eine Zeitkonstante hinzu.

Von der Wiese zum Wald

Die Natur unterliegt einem ständigen Wandel, alles ist in Bewegung. Über Jahre oder Jahrzehnte verändert sich das Erscheinungsbild von ganzen Landstrichen. Diese Fähigkeit zur Veränderung und Anpassung sichert der Natur ihr Fortbestehen. Ihr kontinuierliches Streben nach Stabilität, Gleichgewicht und Vielfalt ist die treibende Kraft hinter diesen Dynamiken und Prozessen. Ist ein stabiles Ökosystem etabliert, reduziert sich die Geschwindigkeit der Veränderungen. Ein reifer Wald passt sich immer wieder an wechselnde Gegebenheiten an, es findet aber keine drastische Verwandlung mehr statt.

In unseren Breiten stellt ein Wald meist das letzte Stadium dar, das im Laufe der selbstständigen Entwicklung einer Landschaft erreicht wird, wenn wir Menschen nicht eingreifen. Ist auf einer Fläche in der Landschaft aber zu wenig bis keine Stabilität vorhanden, können geregelte Kreisläufe wie in einem reifen Wald nicht stattfinden. Eine Wiese, die nicht in regelmäßigen Intervallen von Tieren abgegrast und durch ihre Ausscheidungen mit Fruchtbarkeit belebt wird, ist ein solches Beispiel. Eine Wiese ist darauf angewiesen, dass Tiere regelmäßig für die Verjüngung der darauf wachsenden Pflanzen sorgen. Passiert das nicht, kann sich die Wiese in zwei unterschiedliche Richtungen entwickeln: Entweder sie verliert an Fruchtbarkeit und entwickelt sich zu einer kargen Fläche zurück, oder – was in unserem Klima aufgrund ausreichend vorhandener Niederschlagsmengen meist der Fall ist – es findet ein natürlicher Fortschritt der Fläche zu einem Wald statt. Nach einiger Zeit ohne Tierinteraktion werden Sträucher und Bäume auf der Wiese zu wachsen beginnen. Hatten bisher Tiere diese Pflanzen am Wachsen gehindert, so können sie nun ungehindert groß werden. Innerhalb weniger Jahre wird die Wiese von Pionierbäumen bewachsen sein. Pionierbäume sind bodenaufbereitende Bäume. Das heißt, sie strukturieren den Boden neu, sammeln Nährstoffe wie Stickstoff und ermöglichen das Wachstum von Pilzgeflecht im Boden, das für einen Wald von großer Bedeutung ist.

In unseren Breiten zählen zu diesen Pionierpflanzen je nach Bodenbeschaffenheit Birken, Erlen, Sal-Weiden, Zitterpappeln, Lärchen, Vogelbeeren und weitere schnell wachsende Gehölze. Diese Pionierpflanzen haben für ein Baumleben eine sehr begrenzte Lebensdauer, meist werden sie kaum älter als 100 Jahre. Sie wachsen schnell und sterben früh. Das ist auch ihre Aufgabe, denn sie bereiten die Umgebung so vor, dass ein stabiles Ökosystem – in diesem Fall ein Wald – entstehen kann. Diese Pionierpflanzen können mit schwierigen Wachstumsbedingungen gut umgehen.

Manche von ihnen sind richtige Allrounder und besiedeln jede Brachfläche, die ihre Samen durch den Wind oder das Verschleppen von Tieren erreicht.

Andere hingegen haben sich an besonders extreme Wachstumsverhältnisse angepasst. Erlen sind zum Beispiel Spezialisten im Besiedeln von sehr nassen, zu Staunässe neigenden Böden. Die Pflanzen, die in einem späteren Stadium den Wald in seiner Reife besiedeln, können die Arbeit der Pionierpflanzen nicht machen oder müssen große Mühen aufbringen, sich durchzusetzen.

Sie sind darauf angewiesen, dass Pionierpflanzen ihnen den Weg bereitet haben. Pionierpflanzen machen das, indem sie Boden aufbauen und Pflanzenmasse, also organisches Material, ansammeln und in ihren Ästen und Stämmen speichern. Stirbt der Pionierwald nach einiger Zeit, wird das organische Material dem Bodenleben zugänglich. Die Pionierpflanzen werden zur Nahrung für die Mikroorganismen im Boden, die daraufhin das reife Ökosystem Wald mit Nährstoffen versorgen. Ein reifer Wald wächst also immer auf dem sich zersetzenden, organischen Material des vorher gestorbenen Pionierwaldes. Dieser beschriebene Prozess ist sehr typisch für die Entwicklungsstadien der Natur zu stabilen Ökosystemen und Ausdruck ihres Strebens nach Fruchtbarkeit und Stabilität.

Viele Ökosysteme sind auf solche Weise entstanden. Das Wissen rund um diesen Prozess ist für die Etablierung der von Menschenhand angelegten Wäldern oder Obstgärten enorm hilfreich. Wenn wir die natürlichen Prozesse verstehen, können wir sie auch beschleunigen. Wollen wir den Fortschritt von einer Wiese zum Wald oder Obstgarten sehr schnell durchlaufen, so pflanzen wir also am besten zuerst viele Pioniergehölze. Wir warten dann aber nicht, bis die Pioniergehölze nach vielen Jahren sterben, sondern schneiden sie regelmäßig und verteilen das Material am Boden, um den Bodenumbau schneller voranzutreiben. Die Pionierpflanzen werden auf dieses regelmäßige Schneiden mit erhöhtem Wachstum reagieren, was den Fortschritt zu Stabilität weiter beschleunigt.

Erst durch die Vorarbeit der Pionierbäume kann ein stabiler Wald heranreifen.

Wieder stapeln wir Muster und Verbindungen aus unseren Beobachtungen und kreieren diesen effizienten Wandel. So kann ein Prozess, der in der Natur viele Jahrzehnte dauert, in wenigen Jahren durchlaufen werden. Die Bäume, die dann in den vorbereiteten Boden gepflanzt werden, haben deutlich weniger Schwierigkeiten sich an den Standort anzupassen und die umgebenden Pionierbäume verteilen und dämpfen den Druck von Nagern wie Wühlmäusen und anderen Lebewesen auf die neuen Bäume. Erreicht das System ein Reifestadium, werden die Pionierbäume immer weniger – sie werden nun nicht mehr gebraucht – und das neue Ökosystem stabilisiert sich.

Mit dem Wissen um die Beschleunigung von natürlichen Entstehungsprozessen von Ökosystemen ist es auch möglich, großflächig zerstörte Landschaften in wenigen Jahren zu Stabilität und Vielfalt zurückzuführen. Sobald der notwendige Wille unserer Gesellschaft da ist, kann mit Techniken wie diesen große Regeneration in kurzer Zeit auf der ganzen Welt stattfinden. Aus kargen und niederschlagsarmen Landschaften werden wieder stabile und fruchtbare Steppen- und Graslandschaften. Und in Gebieten, wo mehr Niederschlag zur Verfügung steht, entstehen innerhalb weniger Jahre wieder üppige Wälder. Wir können Ökosysteme also bewusst gestalten und etablieren – in unseren Gärten sowie im großen Stil auf weiten Flächen.

Stabile Ökosysteme

Das Wort *Ökosystem* kommt ursprünglich aus dem Altgriechischen und bedeutet so viel wie *das zusammengefügte oder verbundene Haus*. Ein Ökosystem besteht aus einer Lebensgemeinschaft von vielen unterschiedlichen Arten und ihrem Lebensraum. Im Laufe der Zeit haben sich diese Gemeinschaften gebildet, in denen jeder Bestandteil seinen Platz einnimmt und dazu beiträgt, das Ökosystem aufrecht und stabil zu erhalten.

Sehen wir uns als Beispiel das Ökosystem Wiese an. Wie wir schon gehört haben, verwandelt sich eine Wiese in unseren Breiten aufgrund ausreichend vorhandener Niederschlagsmengen im Laufe der Zeit in einen Wald, wenn keine oder zu wenig Tiere vorhanden sind, die aufkeimende Bäume am Wachsen hindern. Eine vielfältige Wiese mit all ihren Gräsern, Kräutern und Blumen ist also auf die Interaktion von grasenden Tieren angewiesen, die den Fruchtbarkeitskreislauf aufrechterhalten und größere Pflanzen am Wachsen hindern. Vielerorts wurden die Tiere auf diesen Flächen aber entfernt und landwirtschaftliche Maschinen haben ihre Aufgabe übernommen. Weil die Tiere nicht mehr auf der Wiese weiden, wird die Wiese regelmäßig gemäht und mehrmals pro Jahr mit Tierausscheidungen gedüngt. So wird dafür gesorgt, dass eine Wiese eine Wiese bleibt und dieses Ökosystem nicht zu einem Wald heranreift.

In Regionen dieser Welt, in denen die Fülle an Niederschlag fehlt, wie es zum Beispiel in Savannen der Fall ist, entwickeln sich Flächen ohne menschlichen Eingriff hingegen nicht zu einem Wald weiter. Die Gras- und Buschlandschaft ist bereits das stabilste Stadium, das die Natur ohne menschlichen Eingriff in diesen Gegenden erreichen kann. Werden aber hier grasende Tiere aus der Landschaft entfernt, sei es durch Wilderei oder aus anderen Gründen, hat das verheerende Folgen. Denn anders als in regenreichen Gebieten wie in Mitteleuropa wird die Aufgabe der Tiere in den Gras- und Buschlandschaften nicht von landwirtschaftlichen Maschinen übernommen. Die Landschaft ist für großflächige, maschinelle Landwirtschaft schlicht zu trocken. Das hat zur Folge, dass keine Verjüngung der Pflanzenwelt mehr stattfindet und der Fruchtbarkeitskreislauf in der Landschaft zusammenbricht.

Aus einst fruchtbarem Boden wird Sand und Staub – ein Verwüstungsprozess tritt ein. Diese Dynamik lässt sich zurzeit weltweit in großem Stil beobachten und ist neben der Überweidung von Flächen durch die Nutztierhaltung ein Hauptgrund dafür, dass sich Wüsten und unfruchtbare Landschaften immer weiter ausbreiten. Die Ausrottung der Wildtiere zerstört somit auch die zugehörige Landschaft, da diese ein unverzichtbarer Teil des Ökosystems sind. Hier wird also schnell klar, wie weitreichend die Folgen sein können, wenn ein Bestandteil eines Ökosystems unbedacht entfernt wird. Es zeigt sich, wie eng jede Lebensform mit all den anderen verflochten ist.

Neben der Vollständigkeit eines Ökosystems ist **Vielfalt** der Schlüssel zu stabilen Ökosystemen, damit sie sich an Veränderungen anpassen können. Fehlt einem Ökosystem diese Vielfalt, kann es keine langfristige Stabilität erlangen. Sehr deutlich veranschaulichen das von Menschen gepflanzte Fichtenwälder. Fichten werden im mitteleuropäischen Raum häufig in Monokulturen angebaut, weil sie hier so schnell wachsen und ihr Holz sehr brauchbar als Baumaterial ist. Ihr schnelles Wachstum resultiert aus den vergleichsweise milden klimatischen

Bedingungen, die sie hier vorfinden, im Vergleich zu ihrer ursprünglichen Heimat aus deutlich kühleren Gebieten. Für dieses schnelle Wachstum benötigt die Fichte aber viel Wasser. Da durch klimatische Veränderungen Trockenperioden aber immer häufiger werden, leiden die Fichtenbäume vermehrt unter Trockenstress. Diese Belastungen machen sie anfällig für Käferbefall.

Käfer in einem Wald helfen unter anderem dabei, kranke oder gestorbene Bäume zu zersetzen und so werden auch die unter Trockenstress leidenden Fichtenbäume als Nahrungsquelle erkannt und angegriffen. Unter den vielen Borkenkäferarten vermehrt sich eine davon derzeit besonders rasant und bringt die gestressten Fichtenbäume zum Absterben. Da sich in diesen Monokulturen weder genügend natürliche Feinde des Borkenkäfers einfinden können, noch andere Baumarten vorhanden sind, die das Ökosystem Wald aufrechterhalten, kollabiert der Fichtenwald. Der Borkenkäfer ist in diesem Fall ein Symptom eines zu einfältigen Systems und zeigt auf ein Systemproblem der Forstwirtschaft. Ein natürlich gewachsener Wald ist in Mitteleuropa meist von einer Mischung an Laubbäumen wie Buchen und Eichen dominiert. Würde man die Fichte in Form eines solchen Mischwaldes gemeinsam mit weiteren Baumarten wie zum Beispiel Tannen und Lärchen kultivieren, wäre der Käferdruck wesentlich geringer.

Eine Fichtenmonokultur ist ein zu einfältiges System, um langfristig stabil sein zu können. Ganz ähnlich wie die Soja-, Mais- und Getreidemonokulturen auf den landwirtschaftlich genutzten Flächen.

Wie wir sehen, sind Artenreichtum und geschlossene Kreisläufe in den Fruchtbarkeitszyklen die wichtigsten Faktoren, damit ein Ökosystem zu Stabilität findet. Die Ressource, die aber immer wieder entscheidet, welche Art von Ökosystem entsteht und in welcher Fülle es sich entfalten kann, ist Wasser. Die Verfügbarkeit von Wasser in einer

Landschaft ist unmittelbar mit der Entstehung von diversen Lebensräumen gekoppelt. Und weil Wasser eine so grundlegende Rolle für das Leben auf der Erde spielt, betrachten wir dieses Element nun etwas näher.

Kein Regen ohne Pflanzen – der globale Wasserkreislauf

Jedes Lebewesen, jede Pflanze und jedes Ökosystem ist auf regelmäßigen Niederschlag in Form von Regen, Schnee oder Kondensation angewiesen. Wasser ist ein sehr wandelbares Element und in Form von Bächen, Seen, Flüssen und Meeren immer ein Treffpunkt für eine Vielfalt an Leben. Es kann als sanfter Regen für Fruchtbarkeit und ein Erblühen in der Landschaft sorgen, in großen Mengen zeigt sich aber auch die Zerstörungskraft, die Wasser besitzt.

Unsere Reise durch den Wasserkreislauf beginnt bei den Ozeanen. Diese großen Wassermassen bedecken die Oberfläche der Erde zu etwa zwei Dritteln. Durch die Sonnenstrahlung und infolgedessen warmer Luft verdunstet auf der Oberfläche der Ozeane ständig Wasser. Dieses Wasser wird dann in Form von Wasserdampf Teil des Gasgemisches, das wir Luft nennen. Meistens wird der Anteil von Wasserdampf in der Luft als relative Luftfeuchte angegeben. *Relativ* deshalb, weil Luft bei kühlen Temperaturen weniger Wasserdampf aufnehmen kann als bei wärmeren Temperaturen. 50 % relative Luftfeuchte bei 20 °C bedeutet also, dass die Luft bei dieser Temperatur zur Hälfte mit Wasserdampf gesättigt ist. Steigt der Wasserdampfgehalt weiter an, bis die Luft zu 100 % gesättigt ist, beginnt der Wasserdampf an kälteren Oberflächen oder Partikeln zu kondensieren. Das kann im Winter bei Fenster-

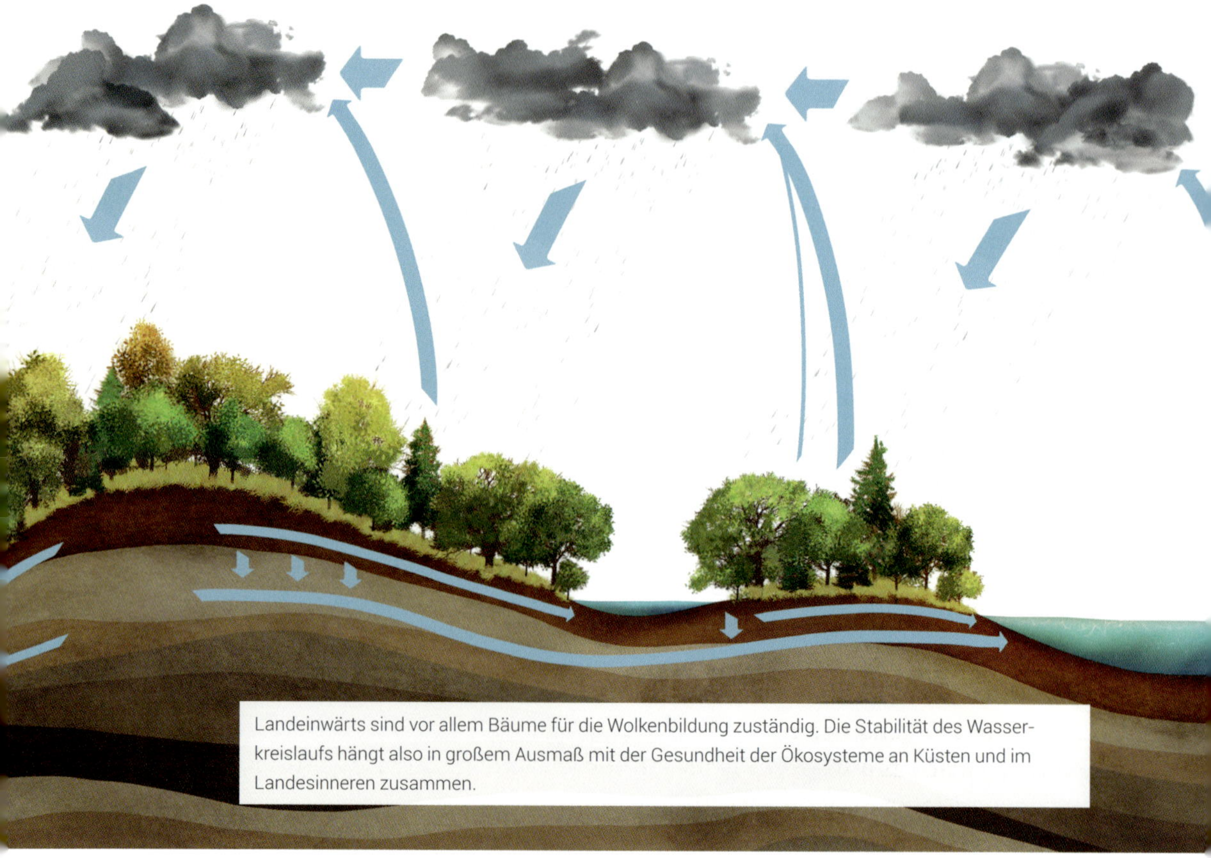

Landeinwärts sind vor allem Bäume für die Wolkenbildung zuständig. Die Stabilität des Wasserkreislaufs hängt also in großem Ausmaß mit der Gesundheit der Ökosysteme an Küsten und im Landesinneren zusammen.

scheiben beobachtet werden. Die Fensterscheiben sind die kältesten Oberflächen im Wohnraum, sodass in diesem Bereich die Luft abkühlt und somit Wasserdampf aus der Luft am Glas kondensiert. Steigt nun warme, mit Wasserdampf gesättigte Luft von den Ozeanoberflächen in höhere, kühle Luftschichten auf, kühlt die warme Luft ebenfalls ab und das Wasser beginnt an kleinen Partikeln zu kondensieren. Eine Wolke entsteht.

Diese Wolke bleibt eine Wolke, bis sie wieder auf wärmere Luftschichten stößt und die Wassermoleküle sich zu kleinen Tröpfchen formen. Erreichen diese Tröpfchen eine gewisse Größe, werden sie zu schwer und fallen als Regen vom Himmel. In Küstenregionen kommt der Regen meist genau aus solchen Wolken, die das verdunstete Wasser aus den Ozeanen in sich tragen. Doch kaum eine dieser Wolken schafft es weit ins Landesinnere, da der Regen meist schon an den Küstenregionen gefallen ist. Und hier kommen Pflanzen ins Spiel.

Pflanzen könnte man auch als lebendige Wasserpumpen beschreiben. Beim Prozess der Fotosynthese benötigt die Pflanze große Mengen Wasser, um Kohlenstoffdioxid aus der Luft in Kohlenstoff und Sauerstoff aufzuspalten. Den Kohlenstoff benötigt die Pflanze zum Bau der Pflanzenfasern, den Sauerstoff gibt sie wieder an die Luft ab. Die Pflanze nimmt also bei der Fotosynthese Wasser aus dem Boden auf und verdunstet es bei diesem Prozess durch die Blätter wieder in die Atmosphäre. Zusätzlich gelangen durch diesen Prozess Bakterien und kleine Partikel mit in die Luft, die bei der Bildung von neuen Wolken eine große Rolle spielen. Dieser Vorgang nennt sich Transpiration.

Ein Teil des Regens, der an den Küstenregionen gefallen ist, wird durch Pflanzen also unmittelbar wieder zurück in die Atmosphäre gepumpt und neue Wolken entstehen, die ihren Weg mit dem Wind ins Landesinnere fortsetzen können. So sind Pflanzen – vor allem Bäume – nach einigen hundert Kilometern landeinwärts maßgeblich für die Wolkenbildung und den daraus resultierenden Niederschlag verantwortlich. Umgekehrt bedeutet das auch, wenn Wälder gerodet, Flächen versiegelt und landwirtschaftlich genutzte Flächen unachtsam bewirtschaftet werden, dass weniger Wasser wieder zurück in die Atmosphäre gelangt und somit weniger Wolkenbildung und weniger Regen entstehen kann. Pflanzen sind also der Schlüssel zu einem ausgewogenen Wasserhaushalt. Das Wasser, das nicht durch Pflanzen wieder in die Atmosphäre transpiriert wird, fällt auf den Boden und setzt seine Reise durch den Wasserkreislauf auf anderen Wegen fort. Es wird entweder im Boden gespeichert, versickert ins Grundwasser, sammelt sich in Seen oder fließt über Bäche und Flüsse wieder zurück ins Meer. Der Kreislauf schließt sich.

Wieder sehen wir, wie verknüpft jedes Element mit dem anderen ist und wie weitreichend die Folgen von unbedachten Eingriffen in die Landschaft sein können. Die gute Nachricht ist, dass mit der erneuten Begrünung vieler Flächen positiv in den Wasserkreislauf eingegriffen werden kann.

Wasser in der Landschaft

Beim Gestaltungsprozess einer Landschaft oder eines Gartens ist Wasser ein zentrales Element. Denn je mehr Wasser in der Landschaft gespeichert wird, desto länger steht es dem Leben darauf zur Verfügung. Einer der besten Orte, um Wasser zu speichern, ist die Humusschicht im Boden. Diese Humusschicht ist wie ein Schwamm und kann riesige Mengen Wasser aufnehmen. Je lebendiger und gesünder der Boden ist, desto mehr Wasser kann er speichern. Der Wasserspeicher im Boden ist auch dafür verantwortlich, dass Bäche und Flüsse auch dann mit Wasser gefüllt sind, wenn es schon länger nicht mehr geregnet hat. Denn auch wie ein Schwamm, der mit Wasser durchnässt ist und einen Teil des Wassers kontinuierlich abtropft, sickert auch immer ein Teil des Wassers im Boden zum nächsten Bachbett oder ins Grundwasser. Ein gesunder Boden ist der wichtigste Helfer für stabile Wasserstände in den Gewässern. Wir moderieren somit auch die Gefahr von Überschwemmungen bei Starkregen und verteilen die Wassermengen nach Regenfällen über einen längeren Zeitraum.

Um dem Boden das Aufnehmen von Wasser zu erleichtern, können wir an zwei Stellschrauben drehen. Eine davon ist die Bodentemperatur. Je kühler der Boden, umso leichter kann er Wasser aufnehmen. Es ist also wichtig, dass der Boden mit Pflanzen bewachsen ist, die ihn vor zu viel Wärme schützen. Ist der Boden heiß und trocken, kann er Wasser gar nicht oder nur sehr langsam aufnehmen. Deshalb führen Regenfälle in dürren und heißen Gebieten oft zu Überflutungen, weil der

Boden nicht als Zwischenspeicher und Puffer dienen kann. Der ausgetrocknete, harte und staubige Boden kann das Wasser nicht schnell genug aufnehmen.

Die andere Stellschraube ist die Zeit, die der Boden hat, um das Wasser aufzunehmen. Läuft das Wasser zu schnell ab, wird nur oberflächlich Wasser aufgenommen. Wird der Boden dabei nicht von Pflanzenwurzeln zusammengehalten, kann er im schlimmsten Fall sogar weggespült werden. Wir sorgen also dafür, dass Wasser verlangsamt und gestoppt wird, dann verteilt und somit sanft und langsam in den Boden versickern kann. Pflanzen unterstützen diesen Prozess und verwenden dann einen Teil des Wassers dazu, durch Transpiration für weitere Regenbildung zu sorgen. Für diesen Zweck eignen sich Sickergräben und Teiche in der Landschaft und im Garten besonders gut. Beide Elemente werden im Kapitel ***Einen Garten gestalten*** noch näher beschrieben.

Die Aufrechterhaltung eines ausgewogenen Wasserkreislaufs sorgt in vielerlei Hinsicht für lebensfreundliche Landschaften. Wasser steht dabei in enger Verbindung mit Pflanzen, die die treibende Kraft bei der Wolkenbildung darstellen. Das Element, das für die Wasserspeicherung in der Landschaft zuständig ist, ist die lebendige Schicht im Boden. Diese Schicht ist zwar in Relation zum Erddurchmesser extrem dünn – man könnte sie mit dem Glanz auf einer Orange vergleichen – sie ist aber in enormen vielen Facetten das Bindeglied im Kreislaufs des Lebens auf der Erde.

Lebensgrundlage Boden

Der Boden ist eine uns verborgene Welt, die erst zu einem Bruchteil erforscht ist. Es ist kaum vorstellbar, dass unterhalb der Erdoberfläche noch weit mehr Leben zuhause ist, als oberhalb. Wenn wir von der lebendigen Schicht im Boden sprechen, dann verstehen wir darunter den Mutterboden oder auch Humus genannt. Dort spielen sich komplexe Vorgänge ab, die Grundlage für das Leben auf der Erdoberfläche sind. Bakterien, Pilze, Regenwürmer und andere Bodentiere interagieren mit Pflanzen und untereinander. Im gesunden Zusammenspiel dieser Bestandteile in Kombination mit Wasser, Luft und Wärme entsteht fruchtbarer Boden. Fruchtbarkeit ist die Summe der Interaktionen von Lebewesen und Pflanzen in der obersten etwa 30 Zentimeter dünnen Schicht der Erdoberfläche. In diesem Kapitel beginnen wir uns in dieses Zusammenspiel zu involvieren.

Nährstoffe, Bodenleben und Pionierpflanzen

Humus ist eine Mischung aus mineralischem und organischem Material sowie den verschiedenen Bodenlebewesen. Die Zusammensetzung dieser drei Bestandteile bestimmen dessen Beschaffenheit, Struktur und Aussehen. Unter mineralischem Material versteht man sämtliches Gestein wie Sand, Ton und Schotter. Organisches Material hingegen bezeichnet im Grunde alles, was lebt oder schon einmal gelebt hat. Dazu zählt eine ganze Menge, wie zum Beispiel Blattwerk, Holz, die Körper von Mensch und Tier sowie deren Ausscheidungen.

Ist die Basis des mineralischen Materials sandig-kiesig, dann sprechen wir von einer durchlässigen Beschaffenheit oder einem tiefgründigen Boden. Ist Ton vorherrschend, sprechen wir von lehmigem, weniger durchlässigem Boden. Ist das organische Material hauptsächlich von holzigem Ursprung, wird ein pilzdominierter Boden entstehen. Pilze sind darauf spezialisiert Holz zu zersetzen und finden sich deshalb

Die weißen Fadenstränge der Pilze durchziehen unterirdisch den ganzen Wald und tauschen mit den Bäumen Nährstoffe gegen Zucker. Die Nährstoffe extrahieren sie aus dem abgestorbenen Blatt- und Astwerk am Waldboden. Die Bäume verwenden das Pilzgeflecht im Boden (Myzel) außerdem zur Kommunikation untereinander. Nur die Früchte der Pilze zeigen sich oberirdisch, um Millionen an Sporen durch den Wind über weite Strecken verteilen zu können.

überall dort, wo Bäume wachsen. Bäume und Pilze haben eine enge Verbindung und sind stark voneinander abhängig. Ist hingegen mehr Material von Gräsern, Kräutern, Blumen und Tierkot enthalten, wird der Boden bakterienhaltiger sein. In diesem Fall sind Bakterien die Spezialisten für den Zersetzungsprozess. Das Leben im Boden ist auf organisches Material angewiesen, da es die Nahrungsquelle für die Bodenorganismen darstellt. Man könnte lebendigen Boden also auch als großes Verdauungssystem beschreiben, das sich von abgestorbenen Pflanzenresten und Ausscheidungen von Tieren und Menschen ernährt.

Je nach Nahrung, die der Boden vom Leben oberhalb der Erdoberfläche erhält, finden sich unterschiedliche Lebensformen darin ein. Das Leben im Boden extrahiert beim Zersetzungsprozess aus diesen organischen Materialien wertvolle Nährstoffe. An diesen Nährstoffen sind Pflanzen ganz besonders interessiert, da sie diese Nährstoffe zum Ausbilden von Blättern und Früchten benötigen. So tauschen Pflanzen den aus der Fotosynthese gewonnenen Kohlenstoff in Form von Zucker gegen die Nährstoffe, die sie von den Mikroorganismen bekommen. Die Mikroorganismen wiederum benötigen den Zucker als Nahrung und Baumaterial. Pilze bilden damit ihre weiten weißen Fadennetzwerke aus und Bakterien bilden mithilfe von pflanzlichem Zucker kleine Kolonien, die wir als Krümelstruktur im Humus sehen können. Wenn wir eine Handvoll gesunden Boden in den Händen halten, handelt es sich also nicht bloß um Ton, Schluff, Sand und Pflanzenreste, sondern um ein ganzes Universum an Leben.

Welche Grundelemente müssen einer Pflanze vom Bodenleben zur Verfügung gestellt werden, damit sie wachsen kann?

An oberster Stelle stehen Stickstoff, Phosphor und Kalium.

- **Stickstoff** ist für eine Pflanze essenziell zum Wachsen, zur Grünfärbung ihrer Blätter und zur Ausbildung ihrer Früchte.
- **Phosphor** wird für den Stoffwechsel der Pflanze und als Energieträger benötigt.
- Und **Kalium** ist genauso wie Stickstoff an der Bildung von Proteinen beteiligt und wird von der Pflanze benötigt, um den aus der Fotosynthese gewonnenen Zucker aus den Blättern ableiten zu können.

Neben diesen drei Grundbausteinen ist die Pflanze zusätzlich auf **Spurenelemente** und **Wasser** angewiesen, um wachsen zu können. Kohlenstoff, aus denen die Zellwände einer Pflanze bestehen, kann sie selbst durch Fotosynthese erzeugen. Wollen wir nun die Wachstumsbedingungen und somit die Produktivität einer Pflanze optimieren, ist es wichtig sicherzustellen, dass die Pflanze mit all den benötigten Nährstoffen ausreichend versorgt ist.

Der Großteil der derzeitigen Landwirtschaft bedient sich in diesem Zusammenhang vor allem an wasserlöslichen NPK-Düngern. In diesen Düngern sind meist die drei Hauptnährstoffe Stickstoff (N), Phosphor (P) und Kalium (K) als Bestandteil enthalten, um das Pflanzenwachstum zu beschleunigen. Problematisch bei diesen Düngern ist jedoch nicht nur, dass die Herstellung sehr energieintensiv ist und auch die Abbaustätten von Phosphor und Kalium in nicht allzu ferner Zukunft aufgebraucht sein werden, sondern auch, dass die Nährstoffe den Pflanzen *flüssig* verabreicht werden. Die Pflanze hat somit keine Wahl, welche Bestandteile sie in sich aufnehmen möchte.

Man kann sich das bildlich gesprochen ungefähr so vorstellen: Am liebsten hat es eine Pflanze, wenn sie mit ihrem Zahlungsmittel aus der Fotosynthese – dem Zucker – im *Bodensupermarkt* einkaufen gehen kann und sich dort genau aussucht, was sie gerade braucht. Sie passt also ihr *Einkaufsverhalten* an ihr natürliches Wachstum an. Voraussetzung dafür ist natürlich, dass das Bodenleben diese Nährstoffe auch zur Verfügung stellen kann, also die Supermarktregale voll sind.

Wie viel die Pflanze aber *trinkt*, hängt in erster Linie von der Intensität der Sonneneinstrahlung und der daraus resultierenden Fotosynthese ab. Die Pflanze braucht für diesen Prozess Wasser. Sobald die Pflanze also Licht ausgesetzt ist, wird sie Wasser aus dem Boden aufnehmen und zu ihren Blättern transportieren. Und hier greifen wasserlösliche Dünger in den Wachstumsprozess ein. Man füttert dabei nicht den Boden, indem man ihm die Nährstoffe in Form von Kompost oder Mulch zum Verdauen gibt, sondern füttert die Pflanze direkt. Wobei das Wort *stopfen* diesen Prozess besser beschreibt, da sich die Pflanze nicht aussuchen kann, was sie in sich aufnimmt, wenn die Nährstoffe in Wasser gelöst sind.

Die Pflanze wird also gezwungen, mehr zu wachsen, als sie eigentlich möchte. Dadurch dass sie aber nicht ausgewogen *gefüttert* wird, sondern maximales Wachstum im Vordergrund steht, wird ihr Abwehrsystem schwach. Die Aufrechterhaltung ihres Abwehrsystems kann mit dem zu schnellen Wachstum nicht mehr mithalten. Sie wird anfälliger für Krankheitsbefall. Das bleibt nicht lange unentdeckt, denn die Natur ist sehr gut darin, schwaches Leben zu erkennen. Das zeigt sie uns in Form von Läusen, Schnecken, Käfern, Pilzen oder Bakterien, die sich nun über die *aufgeblasenen*, schwachen Pflanzen hermachen. Auch am Beispiel des einfältigen Fichtenwaldes im Kapitel ***Stabile Ökosysteme*** ist diese Sensibilität zu erkennen.

Dem Versuch der Natur, uns auf diese Weise zu zeigen, dass dieses Vorgehen nicht im Einklang mit den Naturgesetzen ist, begegnet die derzeitige Landwirtschaft häufig mit Insektiziden und Fungiziden. Diese chemischen Substanzen töten aber nicht nur die Lebewesen, die sich über die Pflanzen hermachen, sondern sämtliche weitere Lebensformen im Erdreich. Durch diesen Prozess wird fruchtbarer Boden zerstört. Aber auch darauf haben die Mechanismen der Natur eine Antwort: nämlich Pionierpflanzen.

Pionierpflanzen sind die Wegbereiter von gesundem Boden. Sie sind überall dort zu finden, wo es Arbeit für sie gibt. Im Kapitel ***Von der Wiese zum Wald*** haben wir bereits von einigen dieser Pflanzen gehört. Nun geht es aber nicht um große Bäume, sondern um die kleineren Pioniere, die in Bodennähe wachsen. Ein Löwenzahn wächst zum Beispiel am häufigsten dort, wo Boden verdichtet worden ist. Er ist dort Spezialist und hat wenig Konkurrenz. Mit seiner dicken Pfahlwurzel beginnt er seine Heilungsarbeit. Er bohrt sich durch feste Bodenschichten und sobald seine Lebenszeit nach wenigen Jahren vorüber ist, bleibt ein neuer, aufgelockerter Wurzelkorridor im Boden zurück. Auf Rasenflächen sind wir Menschen für die Komprimierung des Bodens verantwortlich und Pionierpflanzen wie der Löwenzahn möchten uns hier helfen, den Boden wieder neu zu strukturieren.

Der Löwenzahn ist überall dort zu finden, wo es komprimierte Böden zu lockern gibt.

Darf der Löwenzahn seine Arbeit nicht verrichten und es findet weiter Komprimierung statt, kann selbst der Löwenzahn nicht mehr helfen und es werden andere Spezialisten wie zum Beispiel Moose damit beginnen, die Struktur von ganz vorne neu aufzubauen.

Moose haben die Fähigkeit auf sehr harten, kühlen und feuchten Flecken für ersten Bodenaufbau zu sorgen – also an Orten, wo sich nur wenige Pflanzen richtig wohlfühlen. Sie brauchen für ihr Wachstum kein intaktes Bodenleben und nehmen die meisten Nährstoffe über das Wasser auf. Moose gelten als die ersten Landpflanzen, die die Landschaften auf der Erde besiedelt haben, und verfügen über eine besonders hohe Anpassungsfähigkeit.

Kurz nachdem ein Feld geackert wurde, finden sich bereits die ersten Pionierpflanzen darauf ein, um den Boden vor Erosion zu schützen.

Wird auf einem Feld geackert und der Boden dadurch umgedreht, finden Pflanzen mit Haarwurzeln wie die Vogelmiere oder die Gundelrebe passende Keimbedingungen vor. Mit ihren Haarwurzeln versuchen sie den strukturlosen Boden zusammenzuhalten, um ihn vor Erosion durch Regen und Wind zu schützen. Das schnell wachsende Blattwerk der Pionierpflanzen schützt den Boden vor Austrocknung durch die Sonne.

Auch ein Ungleichgewicht des pH-Werts im Boden kann von Pflanzen angezeigt werden. Wird ein Boden zu sauer, werden manche Nährstoffe und Spurenelemente für das Bodenleben unzugänglich. Ist zum Beispiel durch einen unbalancierten pH-Wert Eisen im Boden dem Bodenleben unzugänglich, werden Pflanzen wie Disteln keimen, da diese Pflanzen die Fähigkeit besitzen, diese Nährstoffe trotz zu niedrigem pH-Wert aufnehmen zu können. Ist die Lebenszeit der Distel vorbei, wird das gesammelte Eisen in der Blattmasse dem Bodenleben zugeführt und steht somit wieder anderen Pflanzen zur Verfügung. Wir kennen diese Pflanzen mit solch herausragenden und wertvollen Eigenschaften oft unter dem Begriff *Unkräuter*.

Diese Pflanzen sind jedoch die größten Heiler von zerstörten oder beschädigten Böden.

In moderner Landwirtschaft und in so manchen Gärten sind aber selbst diese Pflanzen nicht erwünscht und es wird ein Herbizid eingesetzt, um diese Pflanzen am Wachsen zu hindern. Der komplette Pestizidkreislauf – irreführenderweise auch *Pflanzenschutzmittel*-Kreislauf genannt – schließt sich und nach einiger Zeit kollabiert das Bodenleben vollständig. In unseren Breiten verläuft dieser Kollaps langsamer, weil die kalte Jahreszeit der Landwirtschaft eine Zwangspause verschreibt und sich der Boden in dieser Zeit teilweise erholen kann. In tropischen Gebieten kann mit dieser Form der Landwirtschaft ein Jahrtausende alter Boden binnen weniger Jahre aber komplett zerstört werden.

Sobald wir verstehen, dass wir nicht die Pflanze düngen, sondern den Boden mit organischem Material versorgen und füttern müssen, ändert sich die Herangehensweise zur Gänze. Wir beginnen den Boden mit bodenverbessernden Pflanzen zu begrünen, schützen unbewachsenen Boden mit Mulch und versorgen ihn zum Beispiel mit Kompost. Wir respektieren auch, dass das Bodenleben nicht gerne umgegraben wird, da sämtliche Strukturen durch das Ackern wieder durchbrochen und neu aufgebaut werden müssen. Das Bodenleben wird durcheinandergebracht.

Zusätzlich kommen durch das Umdrehen des Bodens wieder alte Samen zum Vorschein, die seit vielen Jahren im Boden auf Licht und passende Keimbedingungen gewartet haben. Viele Wildkräutersamen können mehrere Jahrzehnte bis Jahrhunderte im Boden keimfähig bleiben und warten geduldig auf ihre Chance, zu einer Pflanze heran-

Auch auf großen Feldern sollte ein offener Boden so weit wie möglich vermieden werden.

zuwachsen. Beim Umgraben säen sich die heilenden Pionierpflanzen also gleich selbst mit aus – ein weiterer, großartiger Schutzmechanismus von Boden und Pflanzen.

Bodenstruktur erhalten, aufbauen und stärken

Genauso wie das Leben oberhalb der Erdoberfläche, benötigt auch das Leben unterhalb im Erdreich Wasser, Luft und Wärme. Das Bodenleben trinkt, atmet und fühlt sich wohl, wenn es nicht zu kalt und nicht zu warm ist. Um zu atmen, helfen dem Bodenleben der Mond und der Wind. Genauso wie der Mond Einfluss auf die Wasserstände in den Ozeanen hat, hat er auch Einfluss auf den Luftdruck. Befindet sich der Mond auf der uns gegenüberliegenden Seite der Erde, zieht er auch die Luft zu sich und die Luft strömt durch kleine Poren in die Bodenstruktur hinein. Dreht sich die Erde eine halbe Umdrehung weiter, wird die Luft wieder herausgezogen. Der Boden nimmt auf diese Weise sozusagen einen tiefen Atemzug pro Tag. Zusätzlich bringt der Wind frische Luft ins Bodenleben.

Die gleichen Poren im Boden verwendet auch das Wasser, das nach einem Regen in den Boden versickert. Regnet es allerdings sehr viel, füllen sich diese Poren mit Wasser auf und es kann keine frische Luft mehr in den Boden kommen. Staunässe ist die Folge. Das Bodenleben und die Wurzeln der Pflanzen ersticken, weil kein Sauerstoff mehr zu ihnen vordringt. Für wenige Stunden ist das kein Problem, hält dieser Zustand aber länger an, kann das zu einem Rückgang der Bodenaktivität oder zu einem Pflanzensterben führen. Erste Anzeichen dafür können gelbe Blätter bei den Pflanzen sein. Dass ein Boden mit Wasser gesättigt ist, erkennt man auch an vielen kleinen Häufchen von Wurmausscheidungen an der Bodenoberfläche. Regenwürmer flüchten vorm Ersticken aus tieferen Bodenschichten und setzen ihre Arbeit für die Dauer des Wasserüberschusses oberhalb der Erde fort, wo sie in Folge auch ihre Ausscheidungen hinterlassen.

Wird der Boden mit Maschinen, Tieren oder unseren Füßen zu sehr komprimiert, werden diese wichtigen Poren ebenso verschlossen. Der Boden wird seiner Atmungs- und Trinkmöglichkeit beraubt. Aber auch ein Umgraben oder Ackern der Fläche hat eine Komprimierung zu Folge, obwohl die Absicht für einen solchen Eingriff meist genau das Gegenteil ist. Die vielen kleinen Poren werden über mehrere Jahre von Pflanzen und dem Bodenleben aufgebaut. Eine gesunde Bodenstruktur benötigt Zeit, bis sie sich etabliert. Gräbt man den Boden um, wird diese Struktur zerstört und die Bodenkomprimierung schreitet noch schneller voran.

Zu einem Rückgang der Aktivitäten im Boden führt auch zu große Hitze durch starke Sonneneinstrahlung. Ein sehr heißer, ausgetrockneter Boden kann nur sehr langsam Wasser aufnehmen, was sich zusätzlich negativ auf das Bodenleben auswirkt. Um den Boden vor Überhitzung zu schützen, sind bodenbedeckende Pflanzen oder Mulch in Form von organischen Materialien von großer Bedeutung. Ist der Boden bedeckt und kühl, findet das Wasser bei Niederschlag ganz leicht den Weg ins Erdreich. Ein ausgewogen feuchter Boden ist auch der beste Schutz vor Wald- und Buschbränden. Keine Pflanze trocknet aus und ist leicht entzündbar, wenn sie Wasser aus dem Boden in sich aufnehmen kann.

Geht es nun um die Pflanzung und Etablierung neuer Wälder, spielt die Auswahl der zum Standort passenden Pflanzen also eine wichtige Rolle. Eine feuchteliebende Fichte wird in trockenen Gebieten mit durchlässigem Boden nicht gut Fuß fassen können. Eine Eiche ist dort viel besser aufgehoben.

Je mehr wir die Prozesse im Boden verstehen, desto leichter fällt es uns, harmonisch mit dem Bodenleben zu arbeiten.

Dabei ist von unserer Seite vor allem gefragt, größere Eingriffe nur dort zu machen, wo der Boden bereits beschädigt ist, um daraufhin positive Impulse zu setzen. So können wir etwa mit dem Einsatz von Pionierpflanzen den Aufbau neuer Strukturen in stark komprimierten Böden vorantreiben oder bestehende, wenig an den Standort angepasste Nutzwälder in stabile Mischwälder verwandeln. Dort, wo das Bodenleben intakt ist, meiden wir größere Eingriffe und wirken mit sensiblen Arbeitsrhythmen positiv und unterstützend.

Unser Blick konzentriert sich daher im Folgenden vermehrt auf die Kreisläufe bei der Kultivierung von Nahrungsmitteln und der Anwendung im Gemüsegarten. Wir lernen wertvolle Helfer kennen, die zur Erhaltung der Bodenfruchtbarkeit beitragen und erfahren, wie sich dabei Nährstoffkreisläufe schließen.

Nur durch eine Vielzahl an Mikroorganismen, die organisches Material am Boden zersetzen, wird die Blätterdecke im Wald nicht jedes Jahr dicker und dicker.

Kompostierung verstehen und Kompost selbst herstellen

Wenn die Bäume im Herbst aus Schutz vor den kalten Temperaturen den wertvollen Pflanzensaft aus ihren Blättern holen und in den Ästen und Wurzeln einlagern, lassen sie ihre Blätter fallen. Die Blätterdecke, die sich dabei am Boden bildet, hat zum einen die Funktion das Wachstum von konkurrierenden Pflanzen rund um den Baum zu unterdrücken und zum anderen ist sie eine wertvolle Nahrungsquelle für das Bodenleben. Es beginnt ein natürlicher Zersetzungsprozess, der sich Kompostierung nennt. Ohne diesen Zersetzungsprozess würden sich Jahr für Jahr die Blätterberge einfach stapeln und immer höher werden. Kompostierung passiert in der Natur immer im obersten Bereich der Humusschicht. Die Nährstoffe, die dabei frei werden, und die Mikroorganismen, die sich bei diesem Prozess vermehren, versorgen in weiterer Folge auch tiefere Ebenen der lebendigen Bodenschicht.

Wenn wir im Garten mit Kompost arbeiten, dann machen wir es der Natur gleich: Wir bringen ihn von oben auf die Beete auf und arbeiten ihn am besten nicht in den Boden ein. Dadurch dass die Nahrungskette im Boden von oben nach unten verläuft, werden auch tiefere Schichten damit versorgt. Kompost eignet sich hervorragend, um die Fruchtbarkeit im Gemüse- und Obstgarten aufrechtzuerhalten und zu verbessern. Wenn wir nun selbst Kompost herstellen, ahmen wir den natürlichen Zersetzungsprozess nach und optimieren ihn.

• Was macht Kompost so wertvoll?

Beim Kompostierungsprozess zersetzen Bakterien und Pilze organisches Material. Dadurch dass eine Fülle an Nahrung für diese Mikroorganismen vorhanden ist, vermehren sich diese rasant und verwandeln das Ausgangsmaterial in nährstoffreiche Komposterde. Sobald der reife Kompost dann auf das Gemüsebeet gebracht wird, werden die Mikroorganismen im Kompost zur Nahrungsquelle für die Lebewesen im Boden. Der Kompost bringt wertvolle Nährstoffe zurück in den Gemüsegarten und stimuliert das Bodenleben. Beim Anbau von Lebensmitteln auf großer wie auf kleiner Fläche ist Kompost daher ein wahrer Fruchtbarkeitsmotor.

Man unterscheidet zwischen einigen verschiedenen Arten der Kompostierung. Dazu zählen zum einen **langsame, kalte Kompostierungsarten**, deren Zersetzungsprozess sich über mehrere Jahre erstrecken kann.

Man kann aber auch schon innerhalb weniger Wochen reifen Kompost in Händen halten, wenn man bei der Zusammenstellung der Materialien den Kompostierungsprozess derart beschleunigt, dass der Kompost heiß wird. Hier spricht man von **heißer Kompostierung**. Auch ein **Kompostsystem mit Hühnern oder Würmern** ist möglich.

Ebenso bekannt ist das japanische Bokashi-System. Hierbei handelt es sich aber nicht um einen Kompostierungsprozess, sondern um eine Fermentation. Dieses System ist vor allem für Städte interessant, denn es macht die Essenreste länger haltbar und man kann diese dann gesammelt in längeren Intervallen zu einem Garten oder Stadt-Gemeinschaftsgarten bringen. Die fermentierten Essensreste werden normalerweise vergraben, es ist aber auch möglich diese am Komposthaufen zu kompostieren. Das spart Arbeit und den Bodenorganismen unnötigen Stress.

Wir haben also viele Möglichkeiten, wie wir unsere Essensreste und anderes organisches Material wieder zu Nahrung für unsere Böden machen können. Grundsätzlich ist zu sagen, je vielfältiger die Ausgangsmaterialien für einen Komposthaufen sind, desto vielfältiger sind auch die Mikroorganismen im reifen Kompost. Zusätzlich vermeidet man eventuelle Konzentrationen von Mineralien oder Substanzen, die sich für das Bodenleben nachteilig auswirken können, wenn nur ein oder zwei verschiedene Materialien verwendet werden.

Es spricht nichts dagegen, einen ganz simplen, kalten Komposthaufen im Garten zu haben, ohne ihn jemals zu wenden. Ein Regenschutz ist in diesem Fall besonders zu empfehlen, damit der Komposthaufen nicht zu nass wird und zu faulen beginnt. Wenn aber heiß kompostiert wird, bringt das einige Vorteile mit sich: Durch die hohen Temperaturen werden Samen im Kompost keimunfähig und es nimmt deutlich weniger Zeit in Anspruch, bis der Kompost reift. Die hohen Temperaturen entstehen durch den Zersetzungsprozess, der von der wachsenden Anzahl an Mikroorganismen vorangetrieben wird. Welche Temperatur sich dabei als ideal erweist und welche Grundregeln man im Allgemeinen beachten kann, um den Zersetzungsprozess zu optimieren, sehen wir uns nun etwas genauer an:

• Das richtige Verhältnis von Kohlenstoff zu Stickstoff

Jedes organische Material besteht unter anderem aus Kohlenstoff und Stickstoff. Kohlenstoff ist ein sehr flexibles Element, das aufgrund seiner chemischen Eigenschaften die größte Vielfalt an chemischen

Verbindungen eingehen kann. Diese Flexibilität macht es zum Grundbaustein für Leben auf der Erde. Jedes lebendige Gewebe ist aus organischen Kohlenstoffverbindungen aufgebaut. Stickstoff ist ein Element, das bei lebenden Organismen zur Zellbildung benötigt wird. Beide Elemente sind somit für die Entstehung von Leben von zentraler Bedeutung. In einem Komposthaufen hat sich ein Verhältnis von Kohlenstoff zu Stickstoff von 25:1 als ideal erwiesen, um hochwertigen Kompost zu produzieren.

Wir wollen also verschiedene Materialien so mischen, dass dieses Verhältnis ungefähr erreicht wird. Material, das ein Kohlenstoff-zu-Stickstoff-Verhältnis von über 25:1 hat, bezeichnet man als **braunes Material**, alles darunter als **grünes Material**. Diese Bezeichnung hilft dabei besser über diese Materialien sprechen zu können. Getrocknete Blätter, Heu, Stroh und Äste haben einen hohen Anteil an **Kohlenstoff** und zählen deshalb zum braunen Material. Essensreste, Kaffeesatz, Rasenschnitt, Urin sowie Ausscheidungen von Tieren sind hingegen sehr **stickstoffhaltig** und zählen daher zum grünen Material. Diese Einteilung hat somit nichts mit der Farbe des Materials zu tun, es beschreibt nur, ob ein Material stickstoffhaltig ist oder nicht. Obwohl Kaffeesatz zum Beispiel eine braune Farbe hat, zählt er in diesem Kontext als grünes Material, weil er viel Stickstoff enthält. Braunes Material sollte gehäckselt oder etwas zerkleinert werden, bevor man es in den Kompost gibt, bei grünem Material ist dies nicht notwendig.

Braunes Material – kohlenstoffreich	Grünes Material – stickstoffreich
Getrocknete Blätter	Essensreste
Heu	Kaffeesatz
Stroh	Grünschnitt
Äste	Tierausscheidungen
Sägespäne	Urin

Um nun einen Komposthaufen mit einem Kohlenstoff-zu-Stickstoff-Verhältnis von etwa 25:1 zusammenzustellen, mischt man unterschiedliches grünes und braunes Material zu ungefähr gleichen Teilen. Für jeden Eimer Küchenreste, Kaffeesatz oder Grasschnitt kommt ein Eimer Blätter, gehäckseltes Stroh oder Äste dazu. Beim Aufsetzen eines Komposthaufens gibt es die Möglichkeit, den Haufen einmal vollständig zusammenzustellen oder ihn mit der Zeit wachsen zu lassen, was sich in den meisten Fällen als intuitiver erweist. Jedes Mal, wenn Küchenreste, Beikraut vom Gemüsebeet oder sonstiger Grünschnitt dazukommen, ergänzt man das Verhältnis mit den restlichen Materialien, bis der Haufen etwa einen Kubikmeter Größe erreicht und etwas mehr als einen Meter hoch ist. Die Form sollte der eines Kegels ähneln. Danach wird ein neuer Haufen angefangen und der zuvor aktuelle Haufen hat nun Zeit zu reifen. Das Zusammenstellen eines ausgewogenen Komposthaufens erfordert etwas Übung und Gespür, nach einigen Kompostdurchgängen hat man aber meist den Dreh heraus. Wenn das Kohlenstoff-zu-Stickstoff-Verhältnis in etwa passt, wird der Kompost heiß werden – etwa 60 °C sind ideal – und einen schnellen Reifeprozess durchlaufen.

Aus Alt mach Neu: In wenigen Wochen wird aus Pflanzenresten, Küchenabfällen und Tierausscheidungen wieder nährstoffreiche Komposterde für den Garten.

• Wasser und Luft

Damit die Mikroorganismen im Komposthaufen den Zersetzungsprozess richtig starten können, brauchen sie Wasser. Hier bekommt man ebenso schnell ein Gespür, wie viel für den jeweiligen Komposthaufen benötigt wird. Als Grundregel kann man mit etwa 50 Litern Wasser rechnen, die ideale Wassermenge ist aber immer von den jeweiligen Gegebenheiten abhängig. Wird der Komposthaufen zu nass, beginnt er zu faulen und erzeugt unangenehme Gerüche. Ein Regenschutz in Form einer Überdachung oder einer Plane hat sich deshalb als praktisch erwiesen.

Neben der richtigen Wassermenge ist auch eine ausreichende Luftzufuhr essenziell. Wenn die Luft fehlt oder zu viel Wasser im Komposthaufen ist, dann ändert sich die Zusammensetzung der Mikroorganismen. Mikroorganismen, die ohne Luft auskommen, sogenannte anaerobe Mikroorganismen, sind für das Bodenleben nicht dienlich. Diese wollen wir vermeiden. Daher werfen wir immer wieder einen Blick auf den Komposthaufen. Sobald wir unerwünschte Vorgänge beobachten, die in späterer Folge das Bodenleben am Gemüsebeet negativ beeinflussen, greifen wir ein. Sehen wir uns nun einige Szenarien an, die beim Kompostieren auftreten können:

• Der Kompost startet nicht

Die Ursache hierfür kann ein zu hoher Anteil an Kohlenstoff im Komposthaufen sein – es benötigt mehr Stickstoff, damit der Zersetzungsprozess startet. Ist dieser Anteil in Ordnung, kann es sein, dass der Haufen noch zu klein oder zu wenig feucht ist. Sobald der Haufen etwa einen Kubikmeter groß ist, das Verhältnis der Materialien stimmt und er trotzdem nicht startet, greifen wir zur Gießkanne oder dem Wasserschlauch und wässern den Komposthaufen noch einmal kräftig ein. Wir können auch einen halben Liter Urin, Brennnessel- und Beinwellblätter oder eine Handvoll reifen Kompost in die Mitte des neuen Komposthaufens geben, um den Haufen schneller starten zu lassen.

• Der Kompost wird sehr heiß und stinkt

Mit einem Kompost-Thermometer lässt sich die Temperatur eines Komposthaufens gut messen. In den ersten Wochen darf die Temperatur 60–70 °C erreichen, danach wird der Haufen kälter. Wenn man ihn wendet, wird durch die Luftzufuhr der Zersetzungsprozess beschleunigt und der Haufen gewinnt wieder an Wärme. Regelmäßiges Wenden sorgt zudem dafür, dass der Kompost gleichmäßig reift. Steigt die Temperatur auf 70 °C und mehr, ist zu viel stickstoffreiches (grünes) Material im Haufen. Zusätzliche Indikatoren für einen zu heißen Kompost sind weiße Bakterienstränge, die den Haufen durchziehen, oder das schnelle Schrumpfen des Haufens binnen weniger Tage. Ein guter Komposthaufen schrumpft nur wenig und bleibt in seinem Volumen stabil. Wir mischen also mehr braunes Material hinzu, um die Temperatur zu stabilisieren. In der Mitte des Haufens kann zusätzlich ein Loch geformt werden, damit die Wärme entweichen kann.

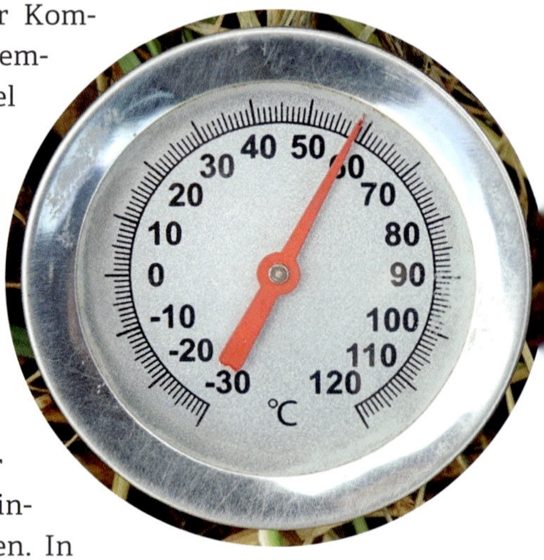

Mit einem Kompostthermometer lassen sich die Aktivitäten im Komposthaufen gut mitverfolgen.

• Wann ist der Kompost reif?

Nach einigen Wochen oder Monaten hat der Komposthaufen sein Erscheinungsbild vollständig geändert. Aus vielen verschiedenen Materialien wird wieder krümelige, nährstoffreiche Komposterde. Wann ist nun der Kompost reif? Das kommt vor allem auf den Verwendungszweck an. Wird der Kompost als Mulch auf den Gemüsebeeten verwendet, muss der Reifeprozess noch nicht vollständig abgeschlossen sein. Einige Blätter oder Grashalme dürfen noch zu sehen sein, der Großteil sollte aber bereits zu Komposterde gereift sein. Die noch gröberen Stücke dienen als Langzeitdünger am Gemüsebeet. Deutlich länger sollte der Kompost bereits gereift sein, wenn er zur Jungpflanzenanzucht verwendet wird. Reifer Kompost enthält oft wenig Stickstoff, der den jungen Pflanzen dann beim Wachsen fehlt. Gelbe Blätter und langsames Wachstum sind die Folge. Bei der Jungpflanzenanzucht kann es auch hilfreich sein, den Kompost zu sieben, damit leichter damit zu arbeiten ist. Die gesiebten Stücke kommen daraufhin einfach in den nächsten Komposthaufen als kohlenstoffreiches (braunes) Material. Wir unterscheiden also, für welchen Einsatz der Kompost verwendet werden soll.

• Was darf auf den Komposthaufen und was nicht?

Grundsätzlich kann man alles kompostieren, was einmal zu Mensch, Tier oder einer Pflanze gehört hat. Alles was einmal gelebt hat, kann wieder lebendig werden. Zitronenschalen, Zwiebeln, Avocado-Kerne und weiteres pflanzliches Material können in kleinen Mengen ohne Bedenken am Komposthaufen landen. Jedes organische Material zersetzt sich irgendwann. Selbst wenn eine Zitronenschale noch nicht vollständig zersetzt ist, wenn sie am Gemüsebeet landet, ist das kein Grund zur Sorge. Irgendwann wird auch sie als Nährstoffquelle dem Bodenleben dienen. Auch Gekochtes ist kein Problem für einen Komposthaufen. Nur bei Fleisch, Eiern und Milchprodukten besteht die Gefahr, Ratten anzulocken. Mit etwas Erfahrung und einem heißen Komposthaufen lässt sich aber auch das vermeiden. Wichtig ist nur, dass der Komposthaufen divers zusammengesetzt wird, dann kann jedes organische Material kompostiert werden. Zusätzlich zu den bereits genannten Materialien können dem Komposthaufen Zusätze wie Pflanzenkohle oder Urgesteinsmehl beigemengt werden, um die Qualität des Komposts weiter zu erhöhen.

Die Verwandlung von Küchenresten, Gras, Blättern und anderen Materialien zu fein-krümeligem Kompost ist sehr faszinierend. Innerhalb weniger Wochen können Abfälle aus dem Garten und der Küche wieder zu einer wertvollen Ressource für den Garten umgewandelt werden. Stellt man eigenen Kompost her, sorgt man für geschlossene Nährstoffkreisläufe und macht sich unabhängig von anderen Düngern. Mit eigenem Kompost haben wir die Erhaltung der Fruchtbarkeit in unseren Gärten selbst in der Hand.

Schutz und Nahrung für den Boden – Einsatz von Mulch

Um die Produktivität und Fruchtbarkeit im Garten weiter zu erhöhen, können wir mit Mulch arbeiten. Unter Mulch versteht man in erster Linie unverrottetes, organisches Material, das den Boden bedeckt, zum Beispiel Heu, Stroh, Blätter, Kompost oder Holzhackschnitzel. Auch bodenverbessernde, lebende Pflanzen kommen als Mulch zum Einsatz, diese werden als Gründüngung bezeichnet. Genauso wie ein Wald den Boden mit Blättern bedeckt und eine Wiese dauerhaft mit Gräsern und Kräutern bewachsen ist, bedecken wir unsere Beete ebenso mit einer Schicht Mulch oder lassen sie mit Gründüngung bewachsen. Frühe Hochkulturen haben auch Steine als Mulch verwendet. Steine bringen zwar nur wenig Fruchtbarkeit, schützen den Boden aber dennoch vor Erosion und sammeln Kondenswasser in kühlen Nächten. Ihr Einsatz als Mulch ist aber wenig von Bedeutung in unseren Breiten. Oft werden heute auch Kunststofffolien als Mulch verwendet, diese sollten aufgrund der Problematik rund um Mikroplastik und weiteren schädlichen Einflüssen auf die Umwelt und das Bodenleben aber immer vermieden werden.

Wenn Mulch in einem Gemüsebeet oder auf einer landwirtschaftlich genutzten Fläche verwendet wird, bildet er immer die oberste Schicht und wird meist dazu genutzt, den Boden vor Austrocknung oder Erosion zu schützen und ihn mit zusätzlicher Nahrung zu versorgen.

Besonders geeignete Materialien als Mulch im Gemüsegarten sind Heu, Stroh und Kompost. Holzhackschnitzel eignen sich gut für die Gehwege zwischen den Beeten, hier stört es nicht, wenn sie pilzdominierten Boden aufbauen. Auf den Beeten hingegen sind sie wenig vorteilhaft, denn Gemüsepflanzen wachsen zu einem großen Teil am liebsten in bakteriendominierten Böden. Sehen wir uns im Folgenden nun die Vor- und Nachteile von Heu, Stroh, Kompost, Rasenschnitt, Blättern und Gründüngung genauer an:

• Heu & Stroh

Unter Heu versteht man gemähtes und getrocknetes Gras, unter Stroh die gehäckselten, übrig gebliebenen Halme aus dem Getreideanbau.

Wenn man Heu oder Stroh als Mulch im Gemüsegarten verwendet, sollte die Schichtdicke etwa fünf bis zehn Zentimeter betragen. Kommen frische Jungpflanzen ins Beet, wird einfach ein kleines Nest gebaut und in den darunterliegenden Boden gepflanzt. Eine Handvoll Kompost stattet das Pflanzloch zusätzlich mit Fruchtbarkeit aus und das Leben im Kompost wird vom Mulch rundherum genährt. Es entsteht eine Art Flächenkompost, bei dem das Heu oder Stroh mit *Kompostinseln* in den Pflanzlöchern *geimpft* wird. Diese Methode benötigt nur sehr wenig Kompost. Um Direktsaaten auszubringen, wird die Mulchschicht einfach zur Seite geschoben.

Mit Heu oder Stroh zu mulchen ist eine gute Möglichkeit, vor allem wenn man es von naheliegenden Bezugsquellen beziehen kann. Am besten erkundigt man sich bei umliegenden landwirtschaftlichen Betrieben. Um keine unerwünschten Schadstoffe in den Gemüsegarten zu bringen, sollte darauf geachtet werden, aus welchem Anbau das Heu oder Stroh stammt.

Ein Nachteil am Mulchen mit Heu oder Stroh kann sein, dass man viele Versteckmöglichkeiten für Schnecken schafft. Ist die Schneckenpopulation im Garten hoch, kann man alternativ Kompost als Mulch verwenden.

• Kompost

Kompost als Mulch eignet sich ideal, um weniger Schnecken in den Garten anzuziehen und einen besseren Überblick im Gemüsegarten zu behalten.

Kompost lässt sich von lokalen Kompostierungsanlagen beziehen oder im Idealfall stellt man ihn aus eigenen Abfällen selbst her, wie im vorangegangenen Kapitel beschrieben. Aufgrund des bereits weit fortgeschrittenen Zersetzungsprozesses, den der Kompost durchlaufen hat, haben hier Schnecken als Mithelfer bei Zersetzungsprozessen weniger Arbeit zu verrichten.

Wenn Kompost als Mulch verwendet wird, verteilt man jedes Jahr – am besten im Herbst – eine etwa drei Zentimeter dicke Kompostschicht auf den Gemüsebeeten. Während des Winters kann der aufgebrachte Kompost vom Bodenleben integriert werden. Bis zum Frühjahr sind die Beete dann optimal für die neue Bepflanzung vorbereitet. Diese Schicht reicht als Fruchtbarkeitsmotor bis zum nächsten Herbst, wo erneut Kompost aufgebracht wird.

Noch mehr Tipps für einen schneckenfreien Garten sind im Kapitel ***Schnecken, Läuse und Wühlmäuse*** zu finden.

• Rasenschnitt

Rasenschnitt eignet sich nur in dünnen Schichten als Mulch, bei dicken Schichten (mehr als fünf Zentimeter) beginnt das Bodenleben zu ersticken.

Als stickstoffreiche Beigabe kann Rasenschnitt in kleinen Mengen unters Heu und Stroh als Mulch gemischt werden. Überschüssiger Rasenschnitt kommt gemischt mit braunem Material am besten auf den Komposthaufen.

• Blätter

Blätter eignen sich ebenfalls nur bedingt als Mulch, da sie das Bodenleben ebenso ersticken können.

Am besten bleiben sie dort, wo sie zu Boden gefallen sind, denn hier stehen sie dem Bodenleben als wertvolle Nahrungsquelle zur Verfügung und tragen zur optimalen Versorgung der Wurzeln des Baumes bei. Sind aber dennoch Blätterüberschüsse vorhanden, sind diese am besten als Mulchbeigabe oder am Komposthaufen aufgehoben.

• Gründüngung

Eine weitere Form von Mulch ist Gründüngung. Unter Gründüngung versteht man den Anbau von Pflanzen, die positiv auf das Bodenleben und den Bodenaufbau wirken. Dazu zählen Pflanzen, die den Boden strukturieren, Nährstoffe sammeln und viel Pflanzenmaterial innerhalb kürzester Zeit produzieren. Oft stellen diese Pflanzen der Insektenwelt auch wertvolle Nektar- und Pollenquellen mit ihren Blüten zur Verfügung und der Anbau erweist sich als einfach und unkompliziert. Typische Gründüngungspflanzen sind Ackerbohnen, Lupine, Luzerne, Klee, Wicken, Buchweizen, Hirse, Winterroggen, Senf und Phacelia. Im Gemüsegarten können diese Pflanzen sehr unterschiedlich eingesetzt werden. Hier einige Beispiele:

Gründüngung im Frühling

Ein Beet wird im Frühling mit einer Gründüngung ausgesät. Die Gründüngungspflanzen wachsen sehr schnell und bedecken den Boden binnen kurzer Zeit. Wenn nun Jungpflanzen in dieses Beet gesetzt werden, wird ein kleines Loch in die Gründüngung geschnitten und die Pflanze hineingesetzt. Dazu eignet sich eine kleine Sichel oder eine Gartenschere sehr gut. Das geschnittene Material wird unmittelbar als Mulch verwendet.

Diese Methode nennt sich im Englischen auch *Chop and Drop*, was übersetzt so viel wie *Schneiden und Fallenlassen* bedeutet. Bei dieser Methode ist es wichtig, darauf zu achten, dass die Gründüngungspflanzen die Kulturpflanzen nicht überwuchern. Es sollte deshalb alle zwei Wochen die Gründüngung gekürzt werden und das geschnittene Material rund um die Kulturpflanzen gelegt werden. Diese Methode ist zwar nicht für Direktsaaten geeignet, hat aber großes Fruchtbarkeitspotenzial und baut eine exzellente Bodenstruktur auf.

Gründüngung im Spätsommer

Werden in einem Beet Kartoffeln, Mais oder andere stark zehrende Pflanzen kultiviert, kann nach der Ernte im Spätsommer eine Gründüngung gesät werden. Die Gründüngung wird den Boden bis zum

Winter wieder bedecken und reichert ihn mit wertvollen Nährstoffen an. Die Pflanzen bleiben über den Winter stehen und werden im Frühling vor der erneuten Kultivierung bodeneben abgeschnitten. Neue Kulturpflanzen können nun gepflanzt werden und das abgeschnittene Pflanzenmaterial der Gründüngung dient als Mulch.

Die Methode des „Chop and Drop" lässt sich auch bei Obstbäumen sehr gut anwenden. Kultiviert man rund um den Obstbaum Nährstoffsammler wie Beinwell und Brennnessel, können diese Pflanzen regelmäßig geschnitten und ihr Blattmaterial als nährstoffreicher Mulch für den Obstbaum verwendet werden.

Beinwell ist ein richtiger Alleskönner: Er bildet nährstoffreiche Blätter aus, die als Kompost- oder Mulchbeigabe wertvoll sind, lockert mit seiner Pfahlwurzel den Boden und seine Blüten erfreuen die Insektenwelt.

Mischkultur und Fruchtfolge

Jede der vielen verschiedenen Gemüsepflanzen im Gemüsegarten benötigt vom Bodenleben unterschiedliche Nährstoffe in unterschiedlichen Mengen. Eine Salatpflanze kooperiert ganz anders mit dem Boden als eine Bohnenpflanze oder ein Kürbisgewächs. Jede dieser Pflanzen hinterlässt ihren eigenen Abdruck im Bodenleben. Wird jedes Jahr am gleichen Ort die gleiche Pflanze angebaut, kann es dazu führen, dass der Boden entweder einseitig ausgelaugt oder eine Population an mitfressenden Insekten aufgebaut wird. Deshalb wurden Systeme wie Mischkultur und Fruchtfolge beziehungsweise Fruchtwechsel entwickelt. Anders als bei einfältigen Monokulturen werden in einer Mischkultur verschiedene Gemüsesorten zusammen in einem Beet angebaut. Dabei werden die Pflanzen so kombiniert, dass sie sich im Wachstum gegenseitig positiv beeinflussen. Fruchtfolge beschreibt die Pflanzabfolge innerhalb einer Saison und Fruchtwechsel den Wechsel der Kulturen über mehrere Saisonen. Im Kern versuchen diese Systeme, den Boden gleichmäßig zu beanspruchen und mit verschiedenen Abfolgen und Kombinationen von Pflanzungen die Bodenfruchtbarkeit zu erhalten.

Systeme wie diese sorgen im kleinen Gemüsegarten sowie beim großflächigen Anbau von Getreide und Gemüse für zuverlässige Ernteerträge und Bodenfruchtbarkeit. Vor allem für Gartenneulinge kann eine Beetplanung mit genauen Fruchtfolgen zu Beginn eine Unterstützung sein. Ebenso ist es anfangs hilfreich die guten und schlechten Nachbarn von Pflanzen kennenzulernen. Das hilft enorm, ein feines Gespür für die Fülle an Gemüsearten zu entwickeln und welche Vorlieben die verschiedenen Pflanzen haben. Fühlt man sich aber von zu viel Planung eingeschränkt und verfügt bereits über eine gewisse Erfahrung und ein Gespür für Pflanzen und Bodenleben, kann auch eine intuitive Herangehensweise ein stimmiger Weg des achtsamen Gärtnerns sein. Solange immer ein Blick auf die Gesundheit des Bodens und der Pflanzen geworfen wird, mit Kompost und Mulch gearbeitet und der Boden achtsam bearbeitet wird, spielen genaue Fruchtfolgen,

Fruchtwechsel, gute und schlechte Nachbarn eine weniger entscheidende Rolle.

Je gesünder der Boden, desto unkomplizierter wird das Gärtnern.

Ein gesunder Boden stellt die Basis jeder ausgewogenen Bewirtschaftung dar – ob im großflächigen Anbau von Kulturpflanzen oder im kleinen Hausgarten. Werden Wachstumsprobleme festgestellt, wird mit Lösungsorientiertheit und Neugier nach der Ursache geforscht und dementsprechend reagiert. Wer gerne im Garten arbeitet und für sich stimmige Arbeitsrhythmen anwendet, wird viel leichter mit den vielen kleinen Herausforderungen am Weg vom Samen zur Frucht zurechtkommen. Und auch die Pflanzen werden es merken, wenn im Gemüsegarten entspannt und freudvoll gegärtnert wird.

Ein „No-Dig" Gemüsebeet anlegen

Wird in einem Garten der Boden nicht umgegraben, nennt sich diese Form der Bewirtschaftung *No-Dig*, was so viel bedeutet wie *Nicht Umgraben*. Diese Form der Gartenarbeit hat hohes Fruchtbarkeitspotenzial und ist wenig arbeitsintensiv. Man kann einen Gemüsegarten aber nicht nur ohne Umgraben bewirtschaften, sondern auch Beete anlegen, ohne einen Spaten dafür zu benötigen. Welche Vorgehensweisen sich hierfür anbieten, wird im Folgenden erläutert.

Das Anlegen des Beetes beginnt mit dem Mähen der dafür vorgesehenen Fläche. Im nächsten Schritt geht es darum den bestehenden Bewuchs zum Absterben zu bringen. Die meisten Flächen für den Gemüseanbau werden dazu häufig mit großen Kunststoffplanen ausgelegt, die über mehrere Monate am Boden verbleiben, oder durch ein Ackern beziehungsweise Umgraben mit anschließendem Herbizideinsatz etabliert, um die unerwünschten Pflanzen zu entfernen. Beide dieser

Eingriffe sollten aufgrund von negativen Auswirkungen auf Bodenleben und Umwelt aber soweit wie möglich vermieden werden.

Alternativ dazu gibt es weitere Methoden, ein Gemüsebeet zu etablieren – eine davon ist der Einsatz von Karton. Mit einer Schicht **Karton** auf der gemähten Fläche wird das Wachstum der bestehenden Pflanzen effektiv unterdrückt. Es gilt allerdings darauf zu achten, dass der verwendete Karton von Klebebändern befreit wird und nicht glänzend bedruckt ist, um so wenig unerwünschte Bestandteile wie möglich ins neue Gemüsebeet zu bringen. Je nach verwendetem Karton lässt sich jedoch nicht gänzlich ausschließen, dass geringe Mengen an Schadstoffen darin enthalten sein können.

Dazu sei gesagt, dass ein intaktes und gesundes Bodenleben allerdings in der Lage ist, Verunreinigungen im Boden für Pflanzenwurzeln unzugänglich wegzusperren. Ein gesundes Bodenleben kann somit selbstständig dafür sorgen, dass keine Pflanze schädliche Stoffe in sich aufnehmen muss.

Wer Karton trotzdem nicht verwenden möchte, kann stattdessen zu **Schafwolle** oder einer dicken Schicht **Blätter** greifen. Hat man mehr Zeit zur Verfügung, kann die für den Gemüseanbau vorhergesehene Fläche auch bereits viele Monate vor der Bepflanzung mit einer etwa 20 bis 30 Zentimeter dicken Schicht Stroh oder Heu ausgelegt werden, das bringt die vorhandenen Pflanzen ebenfalls zum Absterben.

Im nächsten Schritt wird eine etwa zehn Zentimeter dicke Schicht **Kompost** oder eine etwas dünnere Schicht **Kuh- oder Pferdedung** auf der Fläche verteilt. Bei der Verwendung von Tierausscheidungen ist darauf zu achten, dass die Tiere kein herbizidbelastetes Futter bekommen haben und auf einen vorkehrenden Einsatz von Antibiotika verzichtet wurde.

Auf diese Schicht kommen abschließend noch etwa fünf bis zehn Zentimeter **Heu oder Stroh** als Mulchschicht obenauf. Es kann aber auch nur mit Kompost gearbeitet werden, ohne eine Heu- oder Strohschicht darauf.

Das neu angelegte Beet kann daraufhin sofort bepflanzt werden und das Bodenleben wird mit diesem Aufbau schnell aktiv werden und viel Freude haben. Wurde Tierdung verwendet, wird bei der Pflanzung ein kleines Loch in den Karton gestochen und die Pflanzen in den Boden unterhalb des Kartons gesetzt. Bei der Verwendung von Kompost ist dies nicht notwendig, da die Pflanzen auch im Kompost ausgewogen wachsen.

Wird ein Gemüsegarten auf diese Weise angelegt und auch in weiterer Folge nicht umgegraben oder tief gehackt, ist das nicht nur rücken- und kräfteschonend, sondern auch eine besonders naturnahe Form des Gärtnerns mit hohem Fruchtbarkeitspotenzial.

Ein „No-Dig" Beet anzulegen ist eine simple Angelegenheit: Zuerst der Karton, dann der Kompost oder Kuhdung und etwas Stroh oder Heu – und schon kann das Bepflanzen beginnen.

Die Struktur des Bodens wird auf diese Weise nicht durcheinandergebracht, um sich daraufhin mühsam wieder aufbauen zu müssen, sondern bleibt in sich erhalten und wird durch sensible Eingriffe an der Oberfläche des Bodens in weiterer Folge zunehmend reicher und vielfältiger in seiner Beschaffenheit.

Selbst auf großflächigen Feldern kann ohne Ackern gearbeitet werden, zum Beispiel in Kombination mit dem Anbau von Gründüngung. Die Gründüngung verbleibt niedergewalzt am Feld, anstatt in den Boden eingearbeitet zu werden. Das Pflanzenmaterial dient so als Mulch und sorgt für einen gesunden, vor Austrocknung geschützten Boden. Das Wachstum von Beikräutern wird auf diese Weise ganz natürlich eingedämmt. Der Einsatz von Herbiziden erübrigt sich somit und der Bedarf an benötigten Düngern reduziert sich ebenfalls enorm. Mit speziellen Saatmaschinen werden die Samen der Nutzpflanzen dann am Feld ausgebracht.

Schnecken, Läuse und Wühlmäuse

Trotz eines achtsamen Arbeitens im Garten kann es immer wieder vorkommen, dass Obst- und Gemüsepflanzen von der einen oder anderen Plage heimgesucht werden. Der entscheidende Faktor dafür, ob eine Tierart zu einem Problem im Garten wird, ist deren Population. Erst mit einer unverhältnismäßig hohen Population einer Tierart gerät das Ökosystem Garten aus dem Gleichgewicht. In vielen Fällen entsteht dieses Ungleichgewicht aber nicht vollkommen willkürlich. Meist blicken wir auf ein Symptom. Durch das Erkunden der Ursache finden wir heraus, wie es uns gelingt auch mit diesen Tieren im Garten zu arbeiten und wie uns ein genaues Hinsehen auf ihre jeweiligen Verhaltensmuster sogar einiges über die Mechanismen der Natur erzählen kann. Auf drei sehr häufige, aber ungern gesehene Gäste im Garten gehen wir nun etwas genauer ein:

• Schnecken

Schnecken haben eine Vorliebe für schwaches, fauliges und sterbendes Pflanzenmaterial. Indem sie auf Nahrungssuche überwiegend nach genau solchen Pflanzen Ausschau halten, tragen sie in der Natur dazu bei, dass nur die fittesten Pflanzen überleben. Was nicht kräftig und vital erscheint und sich nicht wehren kann, wird genüsslich verspeist.

In der Natur haben wild wachsende Pflanzen im Laufe der Zeit deshalb viele clevere Abwehrmechanismen entwickelt. So dienen den Pflanzen zum Beispiel Bitterstoffe und weitere sekundäre Pflanzeninhaltsstoffe als Fraßschutz und Abwehr von Krankheitserregern. In Wildpflanzen kommen diese speziellen Inhaltsstoffe noch in hoher Anzahl vor, in unseren Kulturpflanzen wurden sie für einen milderen Geschmack hingegen weitgehend weggezüchtet.

Sämtliche Kulturpflanzen verfügen daher über weitaus weniger ausgeprägte Schutzmechanismen und sind angewiesen auf besondere Aufmerksamkeit und Umsorgung von uns Menschen.

Das junge Salatpflänzchen im Gemüsegarten mag in menschlichen Augen zwar gesund und frisch erscheinen, die Schnecke erkennt es allerdings schnell als gestresste, wehrlose Pflanze, die sich in den ersten Tagen nach ihrer Pflanzung erst vom Schock des Umsetzens aus der geschützten Anzuchttasse ins Gemüsebeet erholen muss. Es wundert also nicht, dass sich die Schnecke auf den Weg ins Gemüsebeet begibt und sich dort mitunter die kleinen Salatpflanzen als Mahlzeit aussucht. Während sie dabei ihre Schleimspur zieht, wird das verdaute Material dem Bodenleben als Nahrung zugeführt. So übernimmt die Schnecke als Teil eines Ökosystems eine wesentliche Rolle bei Zersetzungsprozessen. Beobachtet man, wo sich Schnecken am liebsten aufhalten, stellt man fest, dass es vor allem feuchte Plätze sind, wo sie sich gut verstecken können. Meist sind Schnecken vor allem nachts unterwegs und suchen sich tagsüber Rückzug unter Blättern, Steinen oder Holzbrettern. Es kann leicht passieren, dass man ungewollt gleich mehrere solcher Lieblingsplätze von Schnecken im Gemüsebeet erschafft und sie dadurch regelrecht in den Garten einlädt.

Was können wir tun, um den Schnecken unsere Gärten weniger schmackhaft zu machen?

Wir können dafür sorgen **wenige Versteckmöglichkeiten** im Gemüsegarten bereitzustellen. Holzbretter, Steinplatten und dergleichen kommen also am besten nur dort zum Einsatz, wo sie unbedingt notwendig sind. Für weniger Unterschlupf sorgt man auch, indem nicht zu dichte Pflanzabstände gewählt werden.

Um den Schnecken ihre Arbeit abzunehmen, hilft es zudem gelb verfärbte und schlappe Blätter an Gemüsepflanzen zeitnah abzuzupfen und zu entfernen. Werden junge Pflanzen ins Gemüsebeet gepflanzt, ist es wichtig, dass diese gut abgehärtet sind. Je stärker und vitaler die Pflanzen sind, desto weniger interessant sind sie in späterer Folge für Schnecken, Insekten und Co. Dafür kann man sorgen, indem man sie mehrere Tage vor der Pflanzung tagsüber an ihren neuen Standort mit den dortigen Licht- und Windverhältnissen gewöhnt.

Die Verwendung von **Kompost** als Mulch hilft ebenfalls bei hohem Schneckendruck. Schnecken können auf Flächen, die mit Kompost gemulcht sind, weniger ihrer natürlichen Aufgabe in der Natur nachgehen, nämlich Zersetzungsprozesse beschleunigen, weil beim Kompost dieser Prozess bereits zu einem großen Teil abgeschlossen ist. Schnecken haben auf solchen Flächen somit wenig zu tun und fühlen sich in anderen Bereichen des Gartens wohler.

Finden sie in den anderen Gartenbereichen allerdings nur kurzgeschnittenen Rasen vor und keine attraktiven Lebensräume, werden sie trotzdem lieber im Gemüsegarten sein. Ein naturnah gestalteter Garten ist also von vornherein besser gegen Schnecken gewappnet. Finden **natürliche Fressfeinde** wie Igel, Mäuse, Vögel, Blindschleichen, Kröten und Käfer ausreichend Lebensräume, wird auch auf diese Weise für eine natürliche Schneckenreduktion gesorgt. Über das Eigelege von Schnecken machen sich Käfer, Larven und Hundertfüßer her.

Auch Hühner und Enten können zur Kontrolle der Schneckenpopulation im Garten eingesetzt werden. Während Hühner vor allem die Gelege der Schnecken fressen, vertilgen Enten auch ausgewachsene Schnecken in hoher Zahl. Weil aber nicht nur Schnecken am Speiseplan von Enten stehen, sondern sämtliche kleine Gartenbewohner, ist es wichtig darauf zu achten, das natürliche Gleichgewicht nicht ins Kippen zu bringen. So muss für eine Haltung von Enten der Garten schon eine gewisse Größe haben und zudem braucht es artgerechte Elemente im Garten wie ausreichend Wasserstellen und Unterschlupfmöglichkeiten.

• Läuse

Läuse sind sehr kleine Tiere, vermehren sich aber äußerst rasant, sobald sie eine passende Wirtspflanze gefunden haben. Mit ihrem spitzen Stechrüssel saugen sie am Pflanzensaft, der ihnen als Nahrung dient. Sie nehmen aus dem Pflanzensaft in erster Linie Aminosäuren auf, den zuckerhaltigen Anteil scheiden sie als Honigtau wieder aus.

Die Anwesenheit von Läusen bleibt in der Tierwelt selten lange unbemerkt. Vor allem Ameisen sind besonders am Honigtau der Läuse interessiert, da dieser eine Nahrungsquelle für sie darstellt. So kommt es häufig vor, dass eine Vielzahl an Ameisen die Läuse wie Milchkühe hält und vor Fressfeinden wie dem **Marienkäfer und dessen Larven** schützt. Im Gegenzug für diese Beschützerdienste erhalten die Ameisen den begehrten Honigtau.

Die Partnerschaft von Läusen und Ameisen hat schon so manchen Gärtner und so manche Gärtnerin vor Herausforderungen gestellt.

Denn eine von Läusen befallene Gemüsepflanze fristet oft ein kümmerliches Dasein und lädt wenig zum Verzehr ein. Aber selbst Läuse wählen ihre Wirtspflanzen nicht vollkommen willkürlich aus. Durch das Saugen der Läuse am Saft der Pflanzen bremsen sie deren Wachstum. So wählen Läuse meist zu stark wachsende Pflanzen als Wirtspflanze aus. Ein Nährstoffüberschuss im Boden kann zum Beispiel dazu führen, dass eine Pflanze sehr schnell und viel wächst. Schnell wachsende, *aufgeblasene* Pflanzen sind aber nicht immer gesunde Pflanzen, wie wir bereits gehört haben. Das machen sich Läuse zunutze und befallen oft genau diese Pflanzen. Einem Lausbefall kann also eine unausgeglichene Düngung vorangegangen sein. Ebenso kann ein Mangel an Licht dafür sorgen, dass die Pflanzen unausgewogen wachsen und für Lausbefall anfällig werden. Auch im Umgang mit Läusen steht ein gesunder, ausgewogener Boden mit standortgerechter Pflanzung im Mittelpunkt.

Was können wir tun, um weniger Läuse in unseren Gärten anzutreffen?

Neben einem besonderen Augenmerk auf eine gesunde Bodenbeschaffenheit durch sanfte Bodenbearbeitung und einer ausgewogenen Versorgung des Bodenlebens, können wir eine Vielzahl an Kräutern und Blumen in den Gemüsegarten integrieren. **Eine bunte Pflanzenmischung im Garten ist ein guter Schutz gegen einseitigen Insektenbefall und lockt eine Vielzahl an Lebewesen in den Garten.** Diese Vielfalt sorgt für Gleichgewicht und auch dafür, dass sich natürliche Fressfeinde wie Marienkäfer, Florfliegen, Ohrwürmer, Käfer und Spinnen im Garten ansiedeln. Werden Läuse auf einer Pflanze frühzeitig entdeckt, verschafft das händische Beseitigen der Läuse oder das Entfernen der befallenen Blätter erste Hilfe. Auch haben sich diverse Hausmitteln in Form von Wildpflanzentees oder Ähnlichem bewährt, die einem stärkeren Befall entgegenwirken.

Hier darf jeder ausprobieren, welches Hausmittel eine zufriedenstellende Wirkung erzielt. Wichtig ist dabei aber, sich vor Augen zu führen, dass es sich hierbei nicht um Lösungsansätze handelt, die das Problem an der Wurzel packen. Vielmehr sind es Versuche die Symptome zu beseitigen. Das kann vorübergehend Abhilfe schaffen, eine langfristige Lösung ist damit aber nicht gewährleistet.

Gut zu wissen ist auch, dass sich eine Läusepopulation sehr zeitig im Frühjahr aufbaut. Die Paarung der Läuse findet bereits im Herbst statt und die abgelegten Eier überdauern daraufhin den gesamten Winter. Sind die ersten Läuse im Frühjahr geschlüpft, kann gleich mit der weiteren Vermehrung begonnen werden. Die Fressfeinde hingegen starten üblicherweise erst einige Wochen später aus ihren Winterquartieren wieder ins aktive Insektenleben und tragen dann dazu bei, die Läusepopulation wieder auf ein verträgliches Maß für den Gemüsegarten zu bringen. Mit dem richtigen Timing, verschiedenen **Anbauzeitpunkten** und **Standorten** beim Gemüseanbau sowie einem Hauptaugenmerk auf die Gesundheit des Bodens ist es möglich, Lausbefall effektiv auszuweichen.

• Wühlmäuse

Wühlmäuse ernähren sich als reine Pflanzenfresser von Wurzeln, Knollen und anderen meist unterirdischen Pflanzenteilen. Sie bauen komplexe, lange Tunnelsysteme unter der Erde, die sich vor allem dann bemerkbar machen, wenn wir beim Gartenrundgang mit einem Fuß in diese Tunnel einbrechen oder die Tunneleingänge mit ihren länglichen Erdauswürfen entdecken. Ebenso wie Schnecken und Läuse werden Wühlmäuse erst ein Problem, wenn sie in großer Anzahl im Garten vorkommen. Junge Obstbäume und die Kartoffelernte sind dann nicht mehr sicher.

Wühlmäuse vermehren sich sehr schnell, was in einem balancierten Ökosystem auch kein Problem darstellt, denn Mäuse sind ein wichtiges Nahrungsmittel für viele Raubtiere. Gerade weil sie in der Natur so häufig gefressen werden, können sie ihr Fortbestehen nur durch

eine rasche Vermehrung sicherstellen. Sind genügend Raubtiere in der Nähe, stellt sich ein gesundes Gleichgewicht also ganz natürlich ein. Wühlmauspopulationen in problematisch hoher Zahl sind unter anderem das Resultat aus einer zu einfältigen Landnutzung. Endlos weites Grünland und eintönige Felder, wo weit und breit kein Baum und kein Strauch zu sehen sind, schaffen ideale Vermehrungsbedingungen für Wühlmäuse. Es befindet sich schlicht zu wenig Lebensraum für Gegenspieler in der Umgebung.

Um Wühlmäuse nachhaltig in Schach zu halten, muss vor allem die Form der Landnutzung geändert werden. Eine reine Vertreibung mittels der unterschiedlichsten Techniken stellt wieder nur eine Symptombekämpfung dar. Werden die Flächen hingegen wieder in kleinere Abschnitte unterteilt, mit **Hecken und Wäldern** durchbrochen und wieder diverser genutzt, wird sich dieses Problem von selbst lösen. Auch für die Kulturen auf Feldern sind Hecken und diverse Lebensräume von großem Vorteil. Der Schädlingsdruck auf die Kulturen wird weniger und die Bäume und Sträucher schützen zusätzlich vor starkem Wind. Werden große, landwirtschaftlich genutzte Flächen wieder diverser und sensibler genutzt, werden sich auch sämtliche umliegende Hausgärten wieder in eine balanciertere Landschaft einbetten. Solange dies nicht der Fall ist, werden Wühlmäuse immer wieder, teils auch in hoher Anzahl den Weg in Hausgärten finden.

Wie können wir auf Wühlmäuse im Garten reagieren?

Genauso wie bei den Läusen ist auch beim Umgang mit Wühlmäusen eine hohe Diversität an Gerüchen und Pflanzenwurzeln ein Schlüssel. Wühlmäuse sind sehr **geruchsempfindlich** und mögen es nicht, wenn sie ein bunt gemischtes Wurzelgeflecht im Boden vorfinden. Je diverser im Gemüsegarten gepflanzt wird, desto weniger werden sich Wühlmäuse quer durchs Gemüsebeet graben. Bei der Kultivierung von Wurzelgemüse können benachbarte Kräuter und geruchsintensive Pflanzen dazu beitragen, die kleinen Nager fernzuhalten. Eine diverse Pflanzung kann man sich auch bei der Etablierung junger Obstbäume zunutze machen. Wachsen rund um einen Obstbaum duftende Kräuter, verschiedene Blumen, Knoblauch und kleine Beerensträucher wird der Maus das Wurzeldurcheinander schnell zu ungemütlich und sie sucht sich einen anderen Ort. So ist ein Obstbaum auf natürliche Weise äußerst effektiv geschützt, wenn er in Form einer solchen Gilde gepflanzt wird. Mehr über Gilden wird im Kapitel ***Verknüpfen, was sich ergänzt und unterstützt*** beschrieben.

Ist der Wühlmausdruck besonders hoch und man möchte bestimmte Obstbäume speziell schützen, kann der Wurzelballen des jungen Obstbaums bei der Pflanzung zusätzlich mit einem unverzinkten, feinmaschigen Drahtgitter eingeschlagen werden. So wird den Wühlmäusen der Weg zu den schmackhaften Obstbaumwurzeln versperrt. Unverzinkt sollte das Drahtgitter deshalb sein, damit es sich nach einigen

Jahren zersetzt und so die Baumwurzeln ohne Probleme dicker werden können. Ist ein Baum einmal etabliert und erreicht eine gewisse Größe mit dementsprechend stabilen Wurzeln, kann ihm eine Wühlmaus meist wenig anhaben.

Wie wir sehen, sind gesunde Ökosysteme das beste Mittel gegen Überpopulationen von manchen Tierarten. Nur so kann ein Gleichgewicht auf lange Sicht erhalten werden. Neben der Integrierung von verwilderten Bereichen, Haufen aus totem Holz oder Steinen und Wasserstellen, um möglichst diverse Lebensräume für eine Vielzahl an Lebewesen bereitzustellen, ist auch ein generelles Umdenken in der großflächigen Nutzung von Landschaften notwendig.

Erst wenn Probleme über die Gartengrenze hinaus an der Wurzel gepackt werden, können nachhaltige Lösungen gefunden werden.

Den Boden kennenlernen

Viele verschiedene Aspekte und Themen drehen sich um das Leben und die Zusammensetzung der Humusschicht im Boden. Beim Kennenlernen vieler verschiedener Konzepte und Herangehensweisen kann es passieren, dass der Bezug zum eigentlichen Gegenstand – einer Handvoll Erde – verloren geht. Deshalb ist es wichtig, den Boden nicht nur gedanklich zu erforschen, sondern auch mit den Sinnen zu erfühlen und einen intuitiven Zugang zu entwickeln. Eine simple **Bodenuntersuchung** kann dabei helfen.

Dazu nehmen wir uns einen Spaten und graben ein etwa 30 Zentimeter tiefes Loch an einer beliebigen Stelle im Garten. Wenn die Wände des Loches möglichst glatt gestochen werden, lassen sich die verschiedenen Schichten und Farben besonders gut erkennen. Sobald ein kleines Loch ausgehoben wurde, können wir eine Handvoll Erde in

Ein gutes Gespür für den Boden erleichtert die Arbeit im Garten enorm.

die Hände nehmen. Wie fühlt sich die Erde an? Feucht oder trocken? Klebrig-lehmig oder eher sandig-kiesig? Die Augen können dabei gern geschlossen werden, um sich voll auf den Tastsinn konzentrieren zu können. Und auch der Geruchsinn kann miteingebunden werden. Wie riecht die Erde? Erinnert uns der Geruch vielleicht an bestimmte Orte in der Natur? Riecht es ein wenig nach Pilzen oder eher neutral? Waldboden riecht aufgrund seiner Beschaffenheit zum Beispiel ganz anders als der Boden unter einer Wiese. Nun sind die Augen dran: Welche Farben sind zu sehen? Ist der Boden eher braun-rötlich oder dunkelbraun-schwarz? Sind Regenwürmer zu finden oder besonders viele Ameisen? Wie ist die Struktur? Krümelig oder eher fest? Sind Hohlräume zu sehen?

Mit intuitivem Gespür lässt sich so erfühlen, ob ein Boden locker und durchlässig ist oder lehmig und fest und zu Staunässe neigen könnte.

Sind viele Regenwürmer im Boden zu sehen, ist das Bodenleben intakt, weil Regenwürmer nur da sind, wenn vielfältiges Leben im Boden vorhanden ist. Die Farbe der Erde gibt Auskunft über den Anteil an organischem Material im Boden. Ist der Boden dunkelbraun bis schwarz, deutet das auf einen hohen Anteil an organischem Material hin, was gut für den Boden ist. Ist die Farbe hingegen hellbraun-gräulich, ist der Anteil an organischem Material eher gering. Wenn wir die Handvoll Erde nun zwischen unseren Händen verreiben, bleibt vielleicht ein Teil davon in den Rillen der Haut auf unseren Händen kleben.

Die Muster auf unseren Handinnenflächen in Form von Spiralen und Lappen lassen sich dadurch besonders gut erkennen. Was wir in den Rillen unserer Hände sehen, ist der lebendige, leicht klebrige Teil des Bodens. Es sind Mikroorganismen, die mit dem getauschten Zucker der Pflanzen klebrige Behausungen bauen, um bei Regen nicht aus dem Bodengefüge gespült zu werden. Diese klebrige Substanz haftet beim Verreiben der Hände in den kleinen Hautrillen, ebenso wie einige Ton-Partikel. Nachdem wir die Erde mit unseren Sinnen erforscht haben, können wir das Loch noch mit Wasser vollfüllen und beobachten, wie lange es braucht, bis es versickert. Ist das Wasser im Nu weg, handelt es sich um einen sehr durchlässigen Boden. Braucht es hingegen eine ganze Weile, um zu versickern, wird der Boden über einen hohen Anteil an Ton verfügen.

Wenn wir diese simple Untersuchung öfter machen und auch an verschiedenen Orten in der Natur immer wieder einen Blick auf den Boden werfen, ihn genau betrachten und mit unseren Sinnen wahrnehmen, entwickeln wir ein feines Gefühl für gesunden Boden. Wir können diese Beobachtungen mit den Hinweisen der wachsenden Pflanzen oberhalb des Bodens kombinieren, was unsere Erkenntnisse zusätzlich unterstützt. Mit dieser einfachen Form der Bodenuntersuchung entwickeln wir ein natürliches Gefühl, das uns Entscheidungen, wo und wie wir unsere Gärten anlegen, erleichtern wird.

Einen Garten gestalten

Ein Garten ist ein wundervoller Ort. Ein Ort, den wir mit anderen Lebewesen und Pflanzen teilen und der die Wildheit der Natur zu uns nach Hause einlädt. Wenn wir einen Garten gestalten, arbeiten wir mit lebendigen Prozessen. Ein Garten ist weder ein starres Gefüge noch ein isolierter Raum. Deshalb ist es wichtig, dass unsere Gestaltungsarbeit ebenso flexibel und anpassbar ist. Um aus den eigenen Vorstellungen und individuellen Bedürfnissen, den Verhaltensmustern der Natur, den klimatischen Rahmenbedingungen und den Gegebenheiten der Landschaft ein harmonisches Gestaltungskonzept für einen Garten zu entwickeln, braucht es eine strukturierte Herangehensweise.

Permakultur hat diesen Weg strukturiert, um sich Schritt für Schritt einer umsetzbaren Gartengestaltung zu nähern, ohne sich dabei zu früh in Details zu verlieren oder zu spät zu merken, dass notwendige Ressourcen zur Umsetzung fehlen. Um genau diesen Gestaltungsprozess dreht sich dieses Kapitel.

Ideen und Ziele

Eine Permakulturgestaltung beginnt immer mit einer Idee oder einem Ziel. Wir fragen uns, mit welcher Intention ein Vorhaben gestartet werden soll. Der erste Schritt zur Umsetzung ist also eine klare Ausrichtung. Die dabei entstehenden Formulierungen können ganz unterschiedlich sein und haben großen Einfluss auf die weitere Gestaltungsarbeit. Denn Permakultur stülpt keine fertigen Lösungen auf eine Fläche oder einen Garten, sondern findet immer den passenden Weg für die jeweilige Situation. Aus ein und demselben Garten können ganz unterschiedliche Lösungswege und Konzepte entstehen, je nachdem welche Intention den Gestaltungsprozess bestimmt. Vom Wunsch nach Selbstversorgung über das Etablieren einer kleinen Farm, die am Wochenmarkt Gemüse verkauft, bis zur Schaffung von Wohlfühloasen für Mensch, Tier und Pflanzen – die Intention bestimmt das spätere Erscheinungsbild des Gartens.

Folgende Fragen helfen bei der Zielfindung:

- Wie viel Zeit möchte man pro Woche in den Garten investieren?
- Wie hoch soll der Anteil an Selbstversorgung sein?
- Welches Gefühl soll der Garten in seiner Reife vermitteln? Wild und dicht? Produktiv und strukturiert? Gemütlich und geschützt? Oder alles davon?
- Gibt es ein bestimmtes Lieblingsobst, Gemüse, Nüsse oder Beeren, die unbedingt im Garten zu finden sein sollen?
- Welche Bereiche und Elemente soll es geben? – Einen Gemüsegarten, eine Feuerstelle, einen Sonnenplatz im Winter, einen Obstgarten, einen Spielplatz ...?
- Sollen Tiere in den Garten integriert werden? Wenn ja, welche und wie viele?
- Gibt es einen schönen Ausblick, der erhalten bleiben soll?
- Gibt es Bäume oder sonstige Elemente, die bereits vorhanden sind, aber nicht Teil des zukünftigen Gartens sein sollen? Oder die als Teil von bestimmten Bereichen im neuen Garten gewünscht sind?

Jedes Ziel, das dabei formuliert wird, wird im Anschluss auf die Übereinstimmung mit den drei Grundwerten der Permakultur überprüft. Im Kapitel ***Entscheidungen mit Weitblick*** sind uns diese drei Werte bereits zu Beginn dieses Buches begegnet: Verantwortung und Fürsorge für die Erde – Verantwortung und Fürsorge für uns Menschen und ein faires Teilen und Zurückgeben von Überschuss. Diese drei Grundwerte stellen die Basis jeder Permakulturgestaltung dar. Ihre Berücksichtigung stellt sicher, dass achtsam mit dem Land und deren Bewohnern gearbeitet wird, Kooperation im Mittelpunkt steht und Überschüsse fair geteilt werden. Das Teilen von Überschuss bezieht sich hier auch auf das Zusammenleben mit Insekten und weiteren Lebewesen im Garten. Sobald so manch ein tierischer Gartenbewohner damit beginnt, einen Teil der Ernte für sich zu beanspruchen, kann es hilfreich sein, sich an diese Werte zu erinnern. Auch bei größeren Vorhaben definieren diese Werte den nötigen Rahmen, um ein langfristiges Gleichgewicht aufrechtzuerhalten.

Ressourcen

Um eine Gartenplanung umsetzen zu können, ist es von großer Bedeutung gleich zu Beginn abzuklären, ob die notwendigen Ressourcen zur Umsetzung vorhanden sind beziehungsweise angeschafft werden können. Jede noch so gute Planung kann nicht umgesetzt werden, wenn über die verfügbaren Ressourcen hinaus geplant wurde. Ressourcen können finanzielle Mittel, Arbeitskräfte, Know-how, Werkzeug und verschiedenste Materialien sein. Aber auch unsere Begeisterung, Motivation und unser Tatendrang sind wertvolle Ressourcen. Denn nur mit Freude am Tun durchlaufen wir den Weg zu unseren Zielen mit bereichernden Erlebnissen.

Das Ziel steht zwar im Mittelpunkt, der Weg dorthin ist aber ebenso von entscheidender Bedeutung.

Am Weg zum Ziel hält das Leben meist viele kleine und manchmal auch große Lektionen für uns bereit. Eine weitere, besonders essenzielle Ressource ist Zeit. Viele Bereiche eines Gartens brauchen regelmäßige Betreuung.

Bei der Gestaltung eines Gartens ist es wichtig, nur so viel einzuplanen, wie auch mit der dafür vorgesehenen Zeit betreut werden kann. Ressourcen wie finanzielle Mittel und Materialien bestimmen, wie groß der Umfang der Gestaltung sein kann und wie schnell die Umsetzung möglich ist. Stehen wenig Ressourcen zur Verfügung, kann entweder die Projektgröße kleiner gehalten werden oder ein großes Projekt wird auf mehrere Zwischenetappen aufgeteilt. Bei größeren Vorhaben besteht zudem die Möglichkeit, Unterstützung von der lokalen Gemeinde zu erhalten. **Aus dem Zusammenspiel an Zeit, Materiellem und unserer Bereitschaft formt sich der Umfang des Projekts.**

Wieder ist es hilfreich sich einige Fragen zu stellen:

- Wie viele finanzielle Ressourcen stehen zur Verfügung?
- Kann das Projekt selbst umgesetzt werden oder wird Hilfe benötigt?
- Gibt es Menschen im Freundes- oder Familienkreis, die helfen können?
- Werden externe Kräfte benötigt?
- Ist das nötige Werkzeug vorhanden? Gibt es Möglichkeiten, Werkzeug auszuleihen?

Rechtliche Grundlagen

Damit unsere Gestaltungsarbeit auch mit den Mustern und Ausdrucksweisen moderner Verordnungen und Bürokratie im Einklang ist, gilt es auch diese Aspekte zu beachten. Besonderes Augenmerk sollte dabei auf Gebäude wie Gartenhütten, überdachte Sitzplätze und Gewächshäuser gelegt werden. Hier ist es ratsam sich mit der zuständigen Baubehörde in Verbindung zu setzen, um Vorhaben und Pläne rechtzeitig abzuklären. In der Regel sind alle Beteiligten bemüht, Lösungen zu finden, um Projekte zu ermöglichen. Sind Unterlagen, Einreichpläne und dergleichen erforderlich, kann es schnell passieren, dass ein Projekt erst mal mühsam und anstrengend erscheint.

Je nach Vorhaben und Vorgaben der Behörde kann durchaus einiges zu erledigen sein, bevor man mit der Umsetzung loslegen kann. **Durchhalten zahlt sich aber auf jeden Fall aus.** Es ist auch sinnvoll Nachbarn und weitere Beteiligte vor Beginn zu informieren, damit von allen Seiten Wünsche und Anliegen miteingebunden werden können. Vielleicht finden sich so auch weitere Ressourcen zur Umsetzung wie Werkzeug, Know-how oder Materialien. Ein Nachbar oder eine Nachbarin hat vielleicht genau das passende Werkzeug zum Verleihen, ein anderer oder eine andere wiederum kann möglicherweise bei der Beschaffung von Baumaterial behilflich sein.

Einflüsse auf ein Grundstück

Nachdem eine Intention festgelegt und Ziele formuliert wurden sowie Ressourcen und rechtliche Bestimmungen abgeklärt sind, richten wir unseren Blick nun auf die natürlichen Rahmengeber wie Sonne, Mond, Wetter und Klima, welche die Gestaltungsarbeit maßgeblich beeinflussen. Diese Einflüsse sind sehr konstante Einflüsse, die wir mit hoher Genauigkeit vorhersagen, allerdings nicht verändern können. Wir müssen sie annehmen, wie sie sind, und mit ihnen arbeiten. Das Wissen um die lokalen Eigenheiten dieser Einflüsse definiert viele Maßnahmen bei der Gestaltung eines Gartens. Sehen wir uns diese Rahmengeber etwas genauer an:

Die Sonne schenkt der Erde die nötige Wärme und Energie, damit vielfältiges Leben existieren kann.

• Sonne

Die Sonne ist der zentrale Stern, um den die Planeten in unserem Sonnensystem ihre Kreise ziehen. Die Sonne ist mit Abstand das größte Element in unserem Sonnensystem, etwa 1,3 Millionen Mal passt die Erde in das Volumen der Sonne. Die Erde kreist auf einer leicht elliptischen Bahn (einer sphärischen Bahn) um die Sonne. Durch die Neigung der Erdachse zu dieser Umlaufbahn werden je nach Position der Erde entweder die Nordhalbkugel oder die Südhalbkugel stärker von der Sonne beleuchtet und erwärmt. Dieser Zyklus ist die Grundlage für die vier Jahreszeiten und die Trocken- und Regenzeiten in Regionen, die nahe beim Äquator gelegen sind.

In unseren Breiten wirkt sich dieser Zyklus ebenso auf die Tageslänge und die Höhe des Sonnenstandes aus. Im Winter sind die Tage kurz und die Schatten lang, weil die Sonne sehr tief am Himmelsrand vorbeizieht, während im Sommer die Tage lang sind und die Schatten kurz, weil die Sonne sehr hoch steht. Diese wechselnden Bedingungen beziehen wir in unsere Überlegungen bei der Gestaltung eines Gartens mit ein. Zwei Werte sind hier besonders ausschlaggebend, nämlich die Sonnenhöhe im Juni und Dezember. Im Juni steht die Sonne am höchsten, im Dezember am tiefsten. Im mitteleuropäischen Raum wirft im Dezember zur Mittagszeit ein ein Meter hohes Objekt einen fast drei Meter langen Schatten, im Juni ist der Schatten des gleichen Objekts zur gleichen Tageszeit nur einen halben Meter lang. Das ist wichtig bei der Platzierung von Gemüsebeet und weiteren Elementen, damit auch im Winter das Licht seinen Weg dorthin findet.

Beim Gestaltungsprozess sind folgende Fragen von Bedeutung:

› Welche Elemente werden in den Einfallsbereich der Wintersonne platziert?
› Wo soll im Sommer Schatten sein?

• Mond

Der Mond hat zwar im Vergleich zur Sonne keinen unmittelbaren Einfluss auf die Gestaltung eines Grundstücks, die wechselnden Kräfte des Mondes und seine ausgleichende Wirkung auf die Vorgänge auf der Erde sind aber zu jeder Zeit präsent. Der Mond ist ein sehr viel kleinerer Himmelskörper als die Sonne, dafür aber viel näher zur Erde. Im Vergleich zur Erde wiederum ist der Mond jedoch sehr groß. Kein anderer Planet in unserem Sonnensystem hat im Verhältnis zur eigenen Größe einen so großen Mond. Das ist der Grund dafür, dass der Mond enormen Einfluss auf die natürlichen Prozesse und auf das Leben auf der Erde hat. Der Mond kreist in einem Zeitraum von etwas mehr als 28 Tagen um die Erde.

Da sich die Erde ein Mal pro Tag um die eigene Achse dreht und sich der Mond in dieser Zeit nur wenig fortbewegt, entstehen in einem Zusammenspiel von Gravitation und Fliehkraft Ebbe und Flut. Jeden Tag bringt der Mond durch seine Gravitationskraft den Wasserstand der

Die ausgleichende Wirkung des Mondes ist für viele Abläufe auf der Erde von großer Bedeutung.

Ozeane auf der Erde dazu, an manchen Küsten um mehrere Meter zu steigen und zu fallen.

Aber nicht nur auf die Meere nimmt der Mond Einfluss. Jeder Bewohner und jede Bewohnerin der Erde ist den ständig wechselnden Anziehungskräften des Erdtrabanten ausgesetzt. So ähnelt auch der Zyklus einer Frau dem des Mondes. In vielen Sprachen hat der Mond daher einen femininen Artikel, die Sonne hingegen einen maskulinen.

Und auch in der Pflanzenwelt finden sich die Einflüsse des Mondes wieder. So keimen Samen lieber, wenn die Mondphase dazu passt, und Holz, das in der richtigen Mondphase gefällt wurde, ist in seinem Verhalten ruhiger und beständiger.

• Wind

Wind entsteht, wenn in zwei benachbarten Gebieten unterschiedlicher Luftdruck herrscht. Dabei bewegen sich Luftmassen eines Gebietes mit hohem Luftdruck zu einem Gebiet mit niedrigem Luftdruck, bis der Luftdruck ausgeglichen ist. Der Wind hat also eine sehr enge Verbindung mit den Wettersystemen und tritt immer dann mit großer Kraft auf, wenn ein Wechsel der Wetterlage stattfindet. Kalter Wind kommt auf der Nordhalbkugel meist von Nordwest, auf der Südhalbkugel von Südost. Das hängt mit den Wettersystemen rund um den Nord- und Südpol zusammen, die sich auf der Nordhalbkugel gegen den Uhrzeigersinn drehen und auf der Südhalbkugel mit dem Uhrzeigersinn. Unsere Bäume sind den konstanten Nordwestwind daher gewöhnt, weshalb mit einem umstürzenden Baum viel eher bei einem Föhnsturm zu rechnen ist.

Ein Blick von der Seite auf einen freistehenden Baum offenbart die Hauptwindrichtung. Ganz ohne Kompass lässt sich so auf die Platzierung von vor Wind schützenden Hecken schließen.

Föhnwinde, also warme Luftströmungen, kommen auf der Nordhalbkugel immer von Süden oder Südosten. Ein Baum wächst immer so, dass seine Form zur Hauptwindrichtung möglichst aerodynamisch (stromlinienförmig) ist, dem Wind also wenig Widerstand bietet und dadurch weniger leicht umstürzt. Die Form von freistehenden Bäumen in der Seitenansicht ähnelt daher oft einer Flagge, die im Wind weht. Auf diese Weise lässt sich leicht feststellen, aus welcher Richtung der Wind überwiegend kommt. Je deutlicher diese Flaggenform zu sehen ist, desto stärker ist der Baum den Kräften des Windes ausgesetzt.

Dieses Wegwachsen eines Baumes vom Wind ist auch an seinen Jahresringen zu erkennen. Holz kann sehr hohe Kräfte aufnehmen, wenn es auf Zug belastet wird. Weniger gut kann Holz jedoch Druckkräfte aufnehmen. Der Baum muss also seinen Stamm an den Stellen dicker ausbilden, wo regelmäßig Druckkräfte in ihm entstehen, als an Stellen, die mit der gleichen Kraft in Zugrichtung belastet werden. Der Kern des Baumes wird deshalb immer näher zur windzugewandten Seite gelegen sein, da er auf der windabgewandten Seite – die mit den Druckkräften vom Wind belastet wurde – Teile der Jahresringe dicker ausbildet. Mit diesem Wissen und einem Blick auf die Ausrichtung des Grundstücks lässt sich herausfinden, wo der Wind auf das Grundstück trifft. So können gezielt Hecken als Windschutz für einen Garten platziert werden. Denn nur wenn die Pflanzen nicht das Gefühl haben, mit der nächsten Windböe davongeblasen zu werden, können sie ihr volles Wachstumspotenzial entfalten. Aber auch gezielte Windtunnel lassen sich mittels Bäumen oder Erdarbeiten kreieren, um zum Beispiel mehr Windleistung für ein Windrad zu erzeugen.

In Bezug auf den Einfluss des Windes auf einen Garten sind folgende Fragen beim Gestaltungsprozess hilfreich:

- Wo trifft die Hauptwindrichtung (meist Nordwestwinde) auf ein Grundstück?
- Wo lässt sich eine vor Wind schützende Hecke im Garten platzieren?
- Kann diese Hecke noch weitere Funktionen erfüllen? – Sichtschutz, Lebensraum, Nahrungsmittelproduktion?
- Gibt es weitere vor Wind schützende Elemente wie Gebäude am Grundstück?

Der jährliche Niederschlag hat großen Einfluss auf die Dimensionierung von Teichen und Wassertanks.

• Jährlicher Niederschlag

Jedes lebendige Element ist auf regelmäßige Wasserzufuhr angewiesen. In Mitteleuropa regnet es im Allgemeinen verhältnismäßig viel, wobei es große regionale Unterschiede gibt, wo auch längere Trockenperioden immer wieder vorkommen. Der jährliche Niederschlag in einer Region wird meist in Millimetern angegeben. 600 Millimeter Niederschlag pro Jahr bedeutet, dass 600 Liter Wasser pro Jahr in Form von Regen und Schnee auf einen Quadratmeter fallen.

Ein 1000 m² großes Grundstück sammelt also 600.000 Liter Wasser pro Jahr. Die regionale Niederschlagsmenge ist relevant für die Dimensionierung von Teichen und Wassertanks. Wird ein Wassertank vom Dach der Gartenhütte gespeist, kann mit diesem Wissen bestimmt werden, ob dieser Tank auch regelmäßig voll wird.

Die jährliche Niederschlagsmenge hat direkten Einfluss auf die möglichen Größen der Wasserspeicher und darauffolgend die Größe der

Anbauflächen, die damit bewässert werden. Die Menge des Niederschlags bestimmt auch, welche Pflanzen sich besonders gut für den jeweiligen Standort eignen. Während Marillenbäume und Weinreben lieber in niederschlagsärmeren Gebieten wachsen, fühlen sich Apfel- und Birnenbäume auch in niederschlagsreichen Gebieten wohl. Das heißt aber nicht, dass es in niederschlagsreichen Gegenden nicht möglich ist Marillen zu kultivieren, sondern dass die Marillenbäume hier am besten möglichst geschützt vor Niederschlag gepflanzt werden, zum Beispiel an der Ost- oder Südseite eines Hauses oder einer Gartenhütte.

Um unsere Gärten so zu gestalten, dass sie trockenheitsresistent sind und auch mit Starkregen gut umgehen können, sind folgende Fragen zu berücksichtigen:

- Neigt das Grundstück zu Staunässe oder Austrocknung?
- Stehen bei Starkregen Teile des Gartens unter Wasser?
- Wie viel Wasser muss gesammelt werden, um den Bedarf in Trockenperioden zu sichern?
- Hat der Niederschlag genügend Zeit, in den Boden zu versickern?

• Klima

Anders als die sich ständig wechselnden Wetterverhältnisse von Wolken, Wind und Regen beschreibt das Klima den Durchschnitt der unterschiedlichen Wettersituationen während eines Jahres. In Mitteleuropa ist ein gemäßigtes, warmes ozeanisches Klima vorherrschend. Ozeanisch deshalb, weil die nächstgelegenen Meere verhältnismäßig nahe sind und großen Einfluss auf unser Klima haben. Unser Klima ist aufgrund dieser Nähe zu großen Wassermassen sehr mild und gemäßigt. Wasser speichert Wärme besonders gut und dient als Puffer von großen Temperaturschwankungen. Wenn wir einen Blick in Gebiete werfen, die weit von Ozeanen entfernt und infolgedessen kontinental ausgeprägt sind, sind die jährlichen Schwankungen im Wetter deutlich extremer. Blicken wir zum Beispiel nach Kasachstan, kann es in manchen Regionen vorkommen, dass im Winter die Temperaturen auf -40 °C fallen und im Sommer +45 °C und mehr erreichen.

Landschaften ohne Wasser kühlen also deutlich schneller aus, erhitzen sich aber ebenso schnell wieder. Die Informationen über das regional vorherrschende Klima geben uns Auskunft über Wetterextreme, wie zum Beispiel die am niedrigsten zu erwartenden Temperaturen oder der Zeitpunkt, ab wann im Herbst mit Frost zu rechnen ist. Diese Informationen sind von großer Bedeutung, wenn wir entscheiden, welche Pflanzen in unseren Gärten wachsen sollen oder wie wir Gebäude in der Landschaft platzieren. In Mitteleuropa sind es vor allem die niedrigen Temperaturen, die uns in der Pflanzenauswahl einschränken. Während mancherorts Feigen und Kakis angebaut werden können, ist es anderswo zu kalt für diese Pflanzen.

Um klimatische Einflüsse bei der Gestaltung eines Gartens miteinfließen zu lassen, können wir uns folgende Fragen stellen:

- Wie kalt wird es im Winter? Wie heiß im Sommer?
- Wann ist der letzte und erste Frosttag im Jahr?
- Wie viele frostfreie Tage gibt es im Jahr?

Neben Wassermassen haben auch Gebirgsketten großen Einfluss auf das lokale Klima. Meist sind bergige Regionen niederschlagsreich.

Diese großen Rahmengeber sind die Basis für das Gestalten eines Gartens oder eines gesamten Grundstücks. Das Spiel von Licht und Schatten, Wärme und Kälte sowie Wind und Regen gibt uns hilfreiche Hinweise für eine harmonische Platzierung der einzelnen Bestandteile eines Projekts. Viele Elemente ordnen sich durch das Wissen um diese Einflüsse oft von ganz alleine an. Sehen wir uns im nächsten Schritt die verschiedenen Elemente genauer an, die Teil eines Permakulturgartens sein können.

Vom Gemüsegarten bis zum Naturteich – Elemente eines Permakulturgartens

Ein Permakulturgarten kann sich aus vielen verschiedenen Elementen zusammensetzen. Dabei ist wichtig zu verstehen, dass nicht jedes mögliche Element Teil eines Permakulturgartens sein muss. Ein Garten wird also nicht bloß beim Errichten einer Kräuterspirale zu einem Permakulturgarten, sondern dann, wenn alle vorhandenen Elemente eine Funktion im Kontext ihrer Umgebung erfüllen und den zu Beginn formulierten Zielen entsprechen. Werfen wir nun einen Blick auf die gängigsten Elemente eines vielfältigen Permakulturgartens:

• Gemüsegarten

Ein Gemüsegarten ist ein Ort der Produktivität, Intensität und Vielfalt. Es ist das Element im Garten, das mitunter den meisten Arbeitsaufwand bei der Kultivierung von Gemüsepflanzen mit sich bringt. Gleichzeitig kann ein Gemüsegarten aber auch große Erfüllung und Freude bereiten, sobald dem selbst angebauten Gemüse beim Wachsen zugesehen werden kann und es zum Ernten bereit ist.

Aufgrund der notwendigen Betreuung sollte ein Gemüsegarten möglichst leicht erreicht werden können. Den Gemüsegarten in der Nähe zum Wohnhaus und zur Küche anzulegen ist deshalb sehr sinnvoll. Die Form des Gemüsegartens richtet sich nach der Grundstücks-

Diese Gemüsebeetreihen wurden in einem flachen Hang entlang der Höhenlinien angelegt. Die Beete speichern auf diese Weise viel Wasser und fügen sich harmonisch in das Landschaftsbild ein.

ausrichtung, dem Gefälle des Grundstücks, der Zusammensetzung des Bodens und den zu erwartenden Regenmengen. Wenn der Boden sehr sandig und durchlässig ist, werden erhöhte Beete besser vermieden, da sonst mehr Wasser zum Gießen benötigt wird. Bei sehr lehmigen Böden kann ein erhöhtes Beet wiederum sehr vorteilhaft sein, um die Möglichkeit für Staunässe zu reduzieren. Schon 10–20 Zentimeter Erhöhung reichen in vielen Fällen aus, um den gewünschten Effekt zu erzielen. Die Ausrichtung wird möglichst südseitig und sonnig gewählt, um früh im Jahr mit dem Anbau von Gemüse beginnen zu können. Beetbreiten von 120 Zentimetern und Gehwegbreiten von etwa 60 Zentimetern ermöglichen komfortables Arbeiten.

Die Beetmitte kann so von beiden Seiten gut erreicht werden und die Wege sind breit genug, um mit einer Schubkarre fahren zu können. Um besonders viel Regenwasser in den Beeten zu sammeln, können die Beete entlang von Höhenlinien angelegt werden.

Die entstehenden Beetformen variieren durch Veränderungen im Gefälle zwar etwas in der Breite, dafür fügen sich die Beete sehr harmonisch in die Landschaft ein und sammeln die maximale Menge an Wasser. Werden die Beete zusätzlich mit Kompost, Heu oder Stroh gemulcht, ist es möglich, dass ein Garten nahezu den ganzen Sommer nicht gegossen werden muss. Werden auch die Gehwege zwischen den Beeten gemulcht, sorgt man auch bei nassen Bedingungen für Trittsicherheit im Garten. Hierfür eignen sich Holzhackschnitzel besonders gut, da diese auch auf den Gehwegen für Fruchtbarkeit sorgen und somit den Pflanzen am Beetrand mehr fruchtbare Fläche für ihre Wurzeln zur Verfügung stellen. Es besteht zudem die Möglichkeit, die Hackschnitzelwege mit Pilzsporen zu impfen, um eine kleine Pilzzucht zu starten. Weitere mehrjährige Pflanzen wie Kräuter, Himbeeren, Johannisbeeren, Hopfen, Spargel und Feigen bereichern einen Gemüsegarten zusätzlich. Um den Arbeitsfluss möglichst intuitiv zu gestalten, bietet es sich an, den Komposthaufen, die Werkzeugunterbringung und den Zugang zu Wasser möglichst nahe zum Gemüsegarten zu situieren.

• Gewächshaus

Ein Gewächshaus bereichert einen Garten in vielerlei Hinsicht. Es ist der ideale Ort zur Jungpflanzenanzucht, für den Tomaten-, Gurken- und Melonenanbau im Sommer und für den Anbau von Wintergemüse in der kalten Jahreszeit. In einem Gewächshaus lassen sich auch mehrjährige Pflanzen wie Kiwis sehr gut kultivieren. Das Dachwasser kann zum Bewässern des Gemüsebeets in Tonnen und Wassertanks gesammelt werden. Je nach Bauweise speichert ein Gewächshaus unterschiedlich viel Wärme und erfüllt unterschiedliche Funktionen. Herkömmliche Gewächshäuser werden normalerweise aus einer Aluminium-Tragstruktur und Polycarbonatplatten als Verglasung gefertigt. Es empfiehlt sich, hier Modelle mit mindestens zehn Millimeter dicken Doppelstegplatten zu wählen, damit die Platten bei Hagel nicht sofort kaputtgehen.

Die **Belüftungsfläche** an den Wänden und im Dach sollte etwa 20 % der Grundfläche des Gewächshauses entsprechen. Eine Querlüftung, die am besten Öffnungen im Osten und Westen hat, ist die effizienteste Lüftung, über die ein Gewächshaus verfügen kann. Der Wind sorgt so auch im Sommer dafür, dass sich das Gewächshaus nicht überhitzt. Generell empfiehlt es sich ein Gewächshaus so zu platzieren, dass die längere Seite zur Wintersonne ausgerichtet ist. Dadurch erhöht sich die Sonnenenergie, die eingefangen wird.

Ein Gewächshaus verlängert die Anbausaison, ist der ideale Ort zur Pflanzenanzucht und ermöglicht den Anbau von wärmeliebenden Pflanzen wie Tomaten, Melanzani und Melonen auch in kühleren Gebieten.

Eine weitere Bauweise eines Gewächshauses entsteht, wenn die Nord-, Ost- und Westseite nicht mit Glasplatten, sondern aus massiven Ziegel-, Lehm- oder Holzwänden gebaut werden. Verglast wird hier nur die Südseite und das Dach so konstruiert, dass im Winter die tiefe Sonne zur Gänze hineinscheint, im Sommer die hoch stehende Sonne aber nur die Hälfte des Gewächshauses direkt mit Sonnenlicht ausfüllen kann. Mit dieser Bauform wird im Winter sehr viel Sonnenenergie gespeichert, im Sommer hingegen ein Überhitzen verhindert.

Dieses Spiel mit den Rhythmen der Sonne ist auch der Namensgeber für diese Art von Gewächshaus: ein **passivsolares Gewächshaus**. Die Kosten sind hierbei zwar deutlich höher als bei einem herkömmlichen Gewächshaus, in manchen Fällen kann diese Art von Gewächshaus aber einen großen Mehrwert für einen Garten mit sich bringen.

Von der Pflanzenanzucht, einem angebauten Geräteschuppen, einem Holzlager hinter dem Gewächshaus bis zum Anbau von frischem Grün im Winter kann ein passivsolares Gewächshaus viele Funktionen erfüllen. Ein passivsolares Gewächshaus eröffnet auch weitere

Optionen bei der Bepflanzung. Nicht nur ist es möglich fünf bis sechs Gemüsekulturen in Folge pro Jahr anzubauen, es können auch exotische Pflanzen kultiviert werden wie Granatapfel- und Zitrusbäume. Um die Speicherung der Sonnenenergie im Winter zusätzlich zu erhöhen, kann vor dem Gewächshaus unter Berücksichtigung des Sonnenstandes ein Teich angelegt werden, der das Licht und somit Wärme ins Gewächshaus reflektiert. Wer in seinem Garten weder für ein passivsolares noch für ein herkömmliches Gewächshaus Platz hat, baut am besten ein **Frühbeet**. Mit einem Frühbeet lassen sich ebenfalls viele Kulturen verfrühen und Salate auch im Winter ernten. Zusätzlich ist ein Frühbeet zum Abhärten von Jungpflanzen sehr praktisch.

• Obstgarten

Ein Obstgarten ist ein Element im Garten, das Stabilität und Sicherheit gibt. Sobald ein Obstgarten etabliert ist, werden Jahr für Jahr große Mengen an Lebensmittel produziert bei immer geringer werdendem Aufwand. Bei der Planung eines Obstgartens stehen wieder die Ausrichtung, die Bodenbeschaffenheit, der Niederschlag und insbesondere der Abstand zwischen den Bäumen im Mittelpunkt. Pflanzt man einen jungen Baum, fällt es anfangs oft schwer sich vorzustellen, wie groß der noch kleine Baum in wenigen Jahren werden kann. Um die richtigen Abstände zwischen den Bäumen zu wählen, sind Informationen über die Größe der jeweiligen Bäume in ihren Reifestadien notwendig. Die Wuchsgrößen von Obst- und Nussbäumen variieren sehr stark.

Während ein ausgewachsener Walnussbaum 100 m^2 und mehr für sich beanspruchen kann, kommt ein Obstbaum in der **Viertelstamm-Variante** mit sehr wenig Platz aus oder kann sogar als **Spalierbaum** wachsen. Bei Obstbäumen unterscheidet man zwischen drei verschiedenen Wuchsgrößen. Die bereits erwähnte Viertelstamm-Variante ist die kleinste der drei Größen. Das ist praktisch, da schon nach wenigen Jahren mit Ernte zu rechnen ist und die Ernte zu einem großen

Teil ohne Leiter erfolgen kann. Stärker wachsende Bäume werden deutlich größer und ihre Lebensdauer ist auch länger. Davon gibt es zwei Varianten: **Halb- und Hochstammbäume**. Diese Bäume sind landschaftsprägende Elemente und werden deutlich größer als Viertelstammbäume. Wenn im ausgewachsenen Stadium zukünftig eine Schaukel oder ein kleines Baumhaus darauf montiert werden soll, sind diese Wuchsformen die richtige Wahl. Möchte man hingegen verschiedene Obstsorten auf kleiner Fläche unterbringen oder auch einfach mehr Komfort bei der Pflege und Ernte haben, greift man besser zu Viertelstämmen.

Die Ausrichtung eines Obstgartens wird am besten nach der Sonne bestimmt. In den meisten Regionen Mitteleuropas brauchen Obstbäume jeden Sonnenstrahl, den sie bekommen können. Werden Obstbäume in Reihen entlang von Höhenlinien gepflanzt, sollten deshalb die Reihen von Norden nach Süden verlaufen. In wärmeren Gebieten mit mediterranem Klima kann die Sonneneinstrahlung hingegen schnell zu viel werden. Deshalb ist es in diesen Gebieten sinnvoller, die Reihen von Ost nach West verlaufen zu lassen, damit eine Seite des Baumes immer schattig und kühler bleibt.

Ein Obstgarten profitiert sehr, wenn auch Pflanzen zur Erhaltung der Bodenfruchtbarkeit wie Leguminosen Platz finden und weitere **Begleitpflanzen rund um die Bäume** gepflanzt werden.

Zur Stickstoffbindung können Schwarzerlen und Robinien gepflanzt werden, als Begleitpflanzen eignen sich Beerensträucher, Zwiebelgewächse, Spargel, Kräuter und Bodendecker wie Erdbeeren. Diese Pflanzen bringen Vielfalt und zusätzliche Ernte in den Obstgarten. Durch die unterschiedlichen Blütezeiten haben auch die bestäubenden Insekten immer etwas zu tun und unterstützen so das Ökosystem Obstgarten. Die Begleitbäume brauchen regelmäßigen Schnitt, da sie sonst schnell größer als die meisten Obstbäume werden und dann wertvolles Sonnenlicht für sich beanspruchen. Diese Begleitbäume können sehr klein gehalten und das Schnittmaterial zum Mulchen der

Obstbäume verwendet werden. Mehr zur Pflanzung von Begleitpflanzen wird im Kapitel ***Fruchtbare Pflanzengemeinschaften*** beschrieben.

Eine weitere, noch komplexere und stabilere Form eines Obstgartens entsteht, wenn ein Obstgarten nach dem Vorbild eines Waldes angelegt wird.

Ein natürlich gewachsener Wald besteht aus verschiedenen Pflanzenschichten. Betrachtet man sie von oben nach unten, setzen sie sich folgendermaßen zusammen: Die oberste Schicht stellen die großen Bäume dar, nach ihnen folgen kleinere Bäume, Büsche und Sträucher und am Boden des Waldes gesellen sich Kräuter und Bodendecker hinzu. Komplett wird der Wald mit Kletterpflanzen, die die Bäume hochwandern.

Beginnen wir nun, einen Wald mit all seinen Schichten mit Pflanzen nachzubauen, die uns Menschen mit Nahrung beschenken, entsteht ein *Waldgarten* (englisch: *Food Forest*). Die Etablierung eines Waldgartens will gut geplant und durchdacht sein, das Resultat kann aber ein wahres Paradies sein, das mit enorm geringer Wartung große Ernteerträge möglich macht und dabei ohne unser Zutun die Fruchtbarkeit der Landschaft erhöht. Zur Etablierung von Waldgärten kann der natürliche Fortschritt der Natur von der Wiese zum Wald nachgeahmt werden, indem wir Pionierbäume den Boden dafür vorbereiten lassen.

In unseren Breiten sollte ein Waldgarten weniger dicht gepflanzt sein als ein natürlicher Wald, da unsere heimischen Obstbäume nicht so konkurrenzstark sind. In den Tropen, wo Pflanzen wie Mangobäume, Kaffee- und Kakaosträucher und Kokospalmen ganz natürliche Bestandteile der Ökosysteme sind, ist das nicht nötig. Waldgärten sind für viele Teile der Welt eine der zuverlässigsten Möglichkeiten, für eine stabile und nachhaltige Nahrungsmittelproduktion zu sorgen.

Die Hasel ist eine großartige Heckenpflanze. Sie wächst zuverlässig und beschenkt uns mit Nüssen, geraden Ästen für Wanderstöcke und zum Grillen am Lagerfeuer.

• Hecke

Hecken sind die erste Wahl, wenn es um Wind- und Sichtschutz geht sowie um die Schaffung diverser Lebensräume für viele heimische Tierarten. Eine Hecke kann aus einer Vielzahl an verschiedenen heimischen Wildgehölzen bestehen, wie zum Beispiel Schwarzdorn, Weißdorn, Holunder, Hasel, Weiden sowie aus größeren Laub- und Nadelbäumen. Um mit einer Hecke im Garten den schützenden Effekt vor Wind zur Gänze nutzen zu können, empfiehlt es sich die Hecke so dicht zu pflanzen, wie sie an einem Waldrand zu finden ist. Wenn Obstbäume und Gemüsegärten vor Wind geschützt sind, dann erhöht sich automatisch die Produktivität und Wuchsgeschwindigkeit der Pflanzen.

Eine Hecke kann in ihrer Höhe an verschiedenen Stellen im Garten variieren: Während sie im Nordwesten am höchsten sein darf, um dort viel Wind abzufangen, sollte sie im Süden nur so hoch sein, dass auch die Wintersonne noch ihren Weg zum Gemüsegarten findet. Neben Wind- und Sichtschutz produziert eine vielfältige Hecke auch wertvolle Nahrungsmittel wie Nüsse und Wildobst, die für uns Menschen, aber allen voran für die Tierwelt sehr wertvoll sind. Hier sei wieder an die Berücksichtigung der drei Grundwerte zu denken, die das Teilen von Überschuss in den Vordergrund stellt, sowie das Sicherstellen guter Lebensbedingungen für alle Lebensformen. Bei der Pflanzenauswahl für eine Hecke kann zudem darauf geachtet werden, auch besonders früh- oder spätblühende Pflanzen auszuwählen, um die heimische Insektenwelt zu unterstützen. Die untenstehende Tabelle bietet eine Übersicht einiger möglicher Heckenpflanzen mit deren Eigenschaften:

Pflanze	Wuchshöhe	Besonderheit
Wildrosen z.B. *Rosa canina*	1–3 Meter	rankend, Hagebutten zur vielseitigen Verwendung
Brombeeren *Rubus fruticosus*	1–3 Meter	rankend, Früchte als Naschobst, Blätter teils wintergrün
Aroniabeere *Aronia melanocarpa*	1–3 Meter	nährstoffreiche Beeren, dekorative Herbstfärbung, Bienenweide
Felsenbirne *Amelanchier ovalis*	2–4 Meter	Vogel- und Insektennährgehölz, Wildobst, besondere Herbstfärbung
Kornelkirsche *Cornus mas*	2–5 Meter	besonders frühe Blüte, Bienenweide, Wildobst zur vielseitigen Verwendung
Gewöhnlicher Schneeball *Viburnum opulus*	2–6 Meter	wertvolle Nahrungsquelle für viele Insekten und Vögel
Schwarzdorn / Schlehe *Prunus spinosa*	3–5 Meter	wertvolle Nektarquelle, Früchte auch zu Heilzwecken verwendbar, dicht wachsend

Pflanze	Wuchshöhe	Besonderheit
Mispel *Mespilus germanica*	3–6 Meter	wächst baum- oder strauchartig, Wildobst, Nahrungsspender und Lebensraum für Vögel und Insekten
Hasel *Corylus avellana*	3–7 Meter	Nüsse, Futterspender und Lebensraum für Wildtiere, schnellwachsend
Weißdorn *Crataegus monogyna* oder *Crataegus laevigata*	3–7 Meter	Wildobst, Vogel- und Insektennährgehölz, dicht wachsend
Schwarzer Holunder *Sambucus nigra*	3–8 Meter	Wildobst, Blüten und Früchte vielseitig verwendbar
Reifweide *Salix daphnoides*	5–7 Meter	besonders frühe Blüte, schnellwachsend, Triebe können zum Korbflechten verwendet werden
Ölweide *Elaeagnus angustifolia*	5–7 Meter	bindet Stickstoff im Boden, Bienenweide, schnellwachsend, salzverträglich
Salweide *Salix caprea*	5–10 Meter	frühblühende Bienenweide, wichtige Futterquelle für zahlreiche Insekten, schnellwachsend
Wacholder *Juniperus communis*	8–12 Meter	Immergrünes Nadelgehölz, Wildobst, Beeren als Gewürz oder Heilmittel verwendbar
Vogelbeere / Eberesche *Sorbus aucuparia*	8–15 Meter	Nahrung für sehr viele Vogelarten, Wildobst, besondere Herbstfärbung

Eine **Totholz- oder Benjeshecke** ist ebenfalls eine Möglichkeit, um für Wind- und Sichtschutz zu sorgen. Wie der Name schon sagt, werden dabei abgestorbene oder geschnittene Äste und Zweige geschichtet und zu einer Art Zaun beziehungsweise Mauer befestigt.

Auch das ist ein wertvolles Element und stellt Lebensraum für viele Insekten sowie ideale Rückzugsorte für Vögel oder Igel zur Verfügung. Anfallender Grünschnitt findet somit eine neue Verwendung. Mit der Zeit wird durch angeflogene Samen oder enthaltene Samenkörner im Vogelkot eine natürliche Begrünung entstehen. Eine ergänzende Bepflanzung beschleunigt diesen Prozess.

• Tiere

Tiere bereichern jeden Garten mit Lebendigkeit und Fruchtbarkeit. Sie spielen eine wesentliche Rolle für ein ausgewogenes Ökosystem im Garten und schließen in den Nahrungsketten und Nährstoffzyklen wichtige Kreisläufe. Bei den Tieren im Garten unterscheiden wir zwischen Wild- und Nutztieren:

Wildtiere kommen in unsere Gärten, wenn sie darin brauchbaren Lebensraum und Nahrungsquellen finden. Bei Vögeln sind das Bäume und Hecken, die ihnen ein breites Nahrungsangebot und Nistplätze zur Verfügung stellen. Insekten und Amphibien lieben kleine Steinhaufen, verrottendes Holz an kühlen und geschützten Orten sowie Wasserstellen oder Teiche. Igel fühlen sich in Hecken und unter dem Laub der Bäume wohl. Ein Permakulturgarten ist also ganz natürlich eine Wohlfühloase für die heimische Tierwelt. Durch die Vielfalt an Lebensräumen findet sich auch ein Gleichgewicht in der Tierwelt ein, was wiederum Überpopulationen einzelner Tierarten vorbeugt, wie wir bereits im Kapitel ***Schnecken, Läuse und Wühlmäuse*** gehört haben.

Im Gegensatz zu den Wildtieren sind **Nutztiere** vom Menschen gezüchtete Tiere. Von der Kuh bis zum Huhn – jede dieser Tierarten

wurde aus einer Wildform gezüchtet. Bis vor wenigen Jahrzehnten waren Nutztiere für das Überleben von uns Menschen von großer Bedeutung, da sie auch im späten Winter eine sichere Nahrungsquelle darstellten. Die Menge an verzehrten Tierprodukten war dennoch um ein Vielfaches geringer, als heute in westlichen Ländern üblich ist. Um diese hohen Mengen an Tierprodukten decken zu können, werden vielerorts große Einschnitte bei der Haltung hingenommen. Die Haltung von Nutztieren in der industriellen Landwirtschaft behandelt Tiere meist nicht mehr als Lebewesen mit Gefühlen und Bedürfnissen. Wer schon einmal den Zustand eines Huhns nach wenigen Monaten in einem Massen-Legebetrieb gesehen hat, weiß, dass hier etwas schiefläuft. Ein Wandel zu einem bewussteren Umgang mit Tieren und Tierprodukten ist dringend notwendig und von jedem Einzelnen zu treffen.

In einem Garten können wir selbst für das Wohl der Tiere sorgen, die gehalten werden. Ein Stall mit ausreichend Platz, genügend Freilauf und artgerechtes Futter sind die Basis für gesunde und ausgeglichene Tiere. Das mit Abstand am häufigsten vorkommende Nutztier in vielen Gärten ist das Huhn. Hühner sind großartige Helfer im Garten. Sie brechen Insektenkreisläufe, die sich negativ auf Gemüse- und Obstgärten auswirken, verwerten Speisereste und können sogar das zentrale Element in einem Kompostsystem sein. Ihre Ausscheidungen beleben das Bodenleben und die gelegten Eier können den Speiseplan bereichern.

Werden Hühner im Garten gehalten, hier ein paar Tipps:

› Um das **Einstreu** des Hühnerstalls nur ein Mal jährlich wechseln zu müssen, kann man den Hühnerstall mit einer etwa 20 Zentimeter dicken Schicht aus Holzhackschnitzeln einstreuen und ein Kotbrett unterhalb der Sitzstangen anbringen. Während das Kotbrett die Ausscheidungen der Hühner auffängt und regelmäßig gereinigt wird, kann das Einstreu aus Holzhackschnitzeln sehr lange im Stall verbleiben. Nach dem Wechseln kann es bei Bäumen und Sträuchern als wertvoller Mulch dienen. Dieses System wird *Tiefeneinstreu* genannt beziehungsweise im Englischen *Deep Litter*.

- Mit der Verwendung von **mobilen Zäunen** können Hühner immer wieder verschiedene Bereiche des Gartens bearbeiten. In regelmäßigen Intervallen wird der Zaun umgestellt und die Hühner werden so durch den Garten rotiert. Eine sensible Tierrotation ist für jeden Bereich von enormer Bereicherung. Dazu ist ein fahrender Hühnerstall praktisch. Hierzu lassen sich mittlerweile unzählige Bauanleitungen finden und mit etwas Geschick und Freude am Handwerk kann dieser auch selbst gebaut werden.
- Im Herbst kann man die Hühner auch in den **Gemüsegarten** lassen, damit sie dort die verbliebenen Überreste der Gemüsepflanzen verwerten. Das Gemüsebeet wird danach nicht mehr so aussehen wie vorher, denn Hühner stellen ein Gemüsebeet im Nu auf den Kopf. Jedoch profitiert es in vielerlei Hinsicht von diesem Eingriff. Das Bodenleben freut sich über die Ausscheidungen der Hühner und die Insektenpopulation wird moderiert.

Enten können ebenfalls eine Bereicherung für den Garten sein. Um Enten zu halten, muss der Garten allerdings schon eine gewisse Größe haben und über ausreichend Wasserstellen verfügen. Ein Naturteich eignet sich hierfür besonders gut. Enten sind wenig wählerisch, was ihren Speiseplan betrifft, vertilgen aber mit Vorliebe Schnecken und weitere Krabbel- und Kriechtiere. Im Gegensatz zu Hühnern sollte der Stall allerdings täglich gesäubert werden, da Enten nicht wie Hühner auf Stangen schlafen, sondern im Einstreu, wo auch deren Ausscheidungen landen. Damit das Teichwasser durch die hohe Nährstoffansammlung aufgrund der Entenausscheidungen im Sommer nicht kippt, ist eine Pflanzenkläranlage in einer Flachwasserzone des Teiches notwendig.

Ist der Garten mehrere tausend Quadratmeter groß, können auch grasende Tiere wie **Schafe oder Ziegen** zur Landschaftspflege eingesetzt werden. Auch hier bietet es sich an Rotationssysteme einzusetzen, um keinen Teil der Fläche zu übergrasen. Genauso wie in der Wildnis grasende Tiere nach jeder Mahlzeit zur nächsten Weide oder Steppe weiterziehen und so den Pflanzen und dem Boden wieder Zeit zur Regeneration lassen, ist das auch in unseren Gärten wichtig. Der gezielte Anbau von Futterpflanzen nimmt bei der Haltung von grasenden Tieren zudem eine wichtige Rolle ein, sowie das Sicherstellen ausreichender Nahrungsvorräte für den Winter.

• Komposttoiletten

Wenn man an Komposttoiletten denkt, ruft das bei dem einen oder anderen vielleicht Bilder oder Erinnerungen von stark riechenden, unhygienischen Toiletten auf Berghütten oder dergleichen hervor. Hört man das erste Mal von einer Komposttoilette, fragt man sich womöglich auch, welchen Zweck eine Komposttoilette hat. Um die Tragweite dieser Thematik besser greifen zu können, werfen wir noch einmal einen Blick auf **Nährstoffkreisläufe**.

Alle Ausscheidungen, die wir Menschen tagtäglich produzieren, enthalten viele wertvolle Nährstoffe, die beim Spül-Toilettensystem jedoch nicht in den Nährstoffkreislauf einer Landschaft zurückgeführt werden, sondern gemeinsam mit Unmengen an überwiegend trinkbarem Wasser ins Kanalsystem gespült werden. All diese Nährstoffe, die auf diese Weise verloren gehen, fehlen dann dem Bodenleben einer Landschaft und müssen daher mit anderen Nährstoffquellen wieder aufgefüllt werden, damit der Boden nicht ausgelaugt wird. Menschliche Ausscheidungen müssen verantwortungsvoll zurück in den Nährstoffkreislauf geführt werden, da sie bei unbedachter Handhabung für den Menschen noch gesundheitsgefährdende Krankheitserreger enthalten können.

Werden unsere Ausscheidungen allerdings kontrolliert kompostiert, verwandeln sie sich binnen weniger Monate wieder zu einer **wertvollen Ressource** für die Fruchtbarkeitserhaltung einer Landschaft.

Komposttoiletten sorgen aber nicht nur für geschlossene Nährstoffkreisläufe, sie bieten im Vergleich zu einer herkömmlichen Toilette noch weitere Vorteile. So werden pro Toilettengang mehrere Liter Wasser gespart und es wird kein zentralisiertes Abwassersystem benötigt. Nicht jeder wird die Spültoilette im Haus mit einer Komposttoilette austauschen können, es kann aber ein Anfang sein, eine Komposttoilette im Garten zu errichten. Eine Komposttoilette basiert auf einem sehr simplen Grundsystem: Unterhalb des Toilettendeckels ist ein Auffangbehälter positioniert. Dort sammeln sich Ausscheidungen und Toilettenpapier sowie je nach System auch Urin. Nach jedem Toilettengang wird mit einem hochsaugenden (braunen) Material „gespült". Sägespäne haben sich hier als sehr vorteilhaft erwiesen und können als Abfallprodukt von Sägewerken oft umsonst oder für wenig Geld bezogen werden.

Es wird grundsätzlich zwischen zwei verschiedenen Komposttoiletten-Systemen unterschieden: entweder ein System mit Urinabtrenner oder ein System ohne.

Oft finden **Systeme mit Urinabtrenner** Einsatz, der abgeschiedene Urin wird mit Wasser verdünnt und um Sträucher und Bäume herum verteilt. Dieses System mit Urinabtrenner hat sich daraus entwickelt, weil bei zu viel Urin das Gemisch im Auffangbehälter zu faulen beginnen kann, deshalb wird der Urin gleich im Vorhinein in einen anderen Behälter geleitet.

Die zweite **Variante ohne Urinabtrenner** begegnet diesem unerwünschten Fäulnisprozess auf einer anderen Art und Weise: Statt einen Urinabtrenner zu verwenden, wird bei diesem System im Auffangbehälter etwa zehn Zentimeter oberhalb des Bodens ein stabiles Gitter eingebracht und mit einem feinen Gewebe überspannt. Somit kann überschüssiger Urin im Auffangbehälter in diesem Leerraum unterhalb des Gitters abtropfen und dann mit einem Zapfhahn am untersten Ende des Behälters von Zeit zu Zeit abgelassen werden. Die anfallenden Urinmengen sind mit dieser Methode geringer und bereits durch einen Filterprozess der Sägespäne grob gereinigt.

Wird der Auffangbehälter zusätzlich noch mit Belüftungsrohren ausgestattet, kann bei einem vollen Auffangbehälter das Material zum Kompostieren im Behälter bleiben. Der Behälter wird einfach mit einem zweiten, leeren Behälter ausgetauscht. Die Belüftungsrohre sorgen nun dafür, dass innerhalb des vollen Behälters ein Kompostierungsprozess starten kann.

Der Behälter wird mehrere Monate beiseite gestellt und der Inhalt verwandelt sich durch einen Kompostierungsprozess in wertvolle Erde, die Bäumen, Sträuchern und Blumen als Dünger dienen kann. Komposttoiletten tragen also in großem Ausmaß dazu bei, eine wesentliche Lücke im Nährstoffkreislauf zu schließen.

• Erdkeller

Will man sich zu einem Großteil mit eigenem Obst und Gemüse selbstversorgen, spielt die **Lagerung** der geernteten Lebensmittel eine große Rolle. Bis vor wenigen Jahrzehnten wurden die Kellerräume von Wohngebäuden noch so gebaut, dass sie ideal zum Lagern von Obst und Gemüse waren. Das Wort Keller leitet sich aus dem lateinischen *cellarium* ab, was nicht mehr als Vorratsraum oder Speisekammer bedeutet.

Heute werden Kellergeschoße in der Regel aber mit einer Wärmedämmschicht und einer Abdichtung ausgestattet, was sie zwar resistenter gegenüber Schimmel macht, aber auch so trocken, dass sie sich nur mehr bedingt für die Lagerung der Ernte aus dem Garten eignen.

Damit Obst und Gemüse lange frisch bleiben, brauchen sie niedrige Umgebungstemperaturen und eine hohe relative Luftfeuchte. Ist kein geeigneter Kellerraum als Lagerraum vorhanden, kann ein Erdkeller errichtet werden. In einem durchdacht gebauten Erdkeller wird ein optimales Verhältnis von Temperatur und Luftfeuchtigkeit erreicht. Das Gemüse und Obst ist in einem Erdkeller besonders lange haltbar, weil zum einen die niedrigen Temperaturen die Reifeprozesse wie in einem Kühlschrank verlangsamen und zum anderen die Luftfeuchtigkeit so hoch ist, sodass das Obst und Gemüse nicht austrocknet.

Die Lagerung in einem kühlen Kellerraum ist nicht nur eine der **energiesparendsten Methoden der Vorratshaltung**, sondern sorgt auch dafür, dass wertvolle Vitamine und Nährstoffe in hoher Menge erhalten bleiben. Es gibt viele verschiedene Möglichkeiten einen Erdkeller zu bauen.

Zu den beliebtesten zählen massive Freilandkeller aus Ziegeln, Natursteinen und Lehm, die entweder frei stehen oder zum Teil ins Erdreich gebaut beziehungsweise als Hügel überschüttet werden. Aber auch unter einem Werkstattraum, einem Stall, einer Garage oder Terrasse lässt sich ein Erdkeller errichten. Die Errichtung eines Erdkellers ist zwar nicht von geringem baulichen Aufwand, kann aber eine enorme Bereicherung darstellen, wenn man sich zu einem großen Teil von der eigenen Ernte aus dem Garten über das ganze Jahr hinweg selbstversorgen möchte. Wer keinen feuchten Kellerraum oder einen Erdkeller hat oder bauen kann, dem stehen aber noch weitere Möglichkeiten, die eigene Ernte zu konservieren, zur Verfügung.

Zu den gängigsten Methoden dabei zählen das **Trocknen, Fermentieren, Einfrieren und Einkochen**. Selbst getrocknete Küchen- und Wildkräuter, der eigene Sauerkraut- oder Kimchivorrat, eingefrorene Beeren oder eingekochte Tomatensaucen und Marmeladen bereichern den Speiseplan in der kalten Jahreszeit enorm und wecken die Vorfreude auf die nächste Gartensaison. Manche Gemüsearten lassen sich auch ganz ohne Konservierung und spezielle Lagerräume einfach bei Zimmertemperatur einige Monate lagern, wie zum Beispiel Kürbisse, Knoblauch und Zwiebeln.

Kräuter aus dem Garten sind leicht zu verarbeiten und eine große Bereicherung für den eigenen Speiseplan. Der Duft und das Aroma von eigenen Kräutern ist zudem deutlich intensiver als von gekauften Kräutern.

- ### Gartenhütte

Um einen Garten zu betreuen, braucht es eine gewisse Auswahl verschiedener Werkzeuge und Geräte. Vom Rasen- oder Spindelmäher über Spaten, Schaufeln und Co. bis zu Kübeln, Leitern und weiteren Utensilien wie Garten- und Astscheren finden viele **Geräte und Werkzeuge** immer wieder Einsatz im Garten. Am idealsten sind sie nahe zum Gemüsegarten verstaut, sodass man sie schnell griffbereit hat, wenn man sie braucht. Sofern kein Verstauraum dafür in Wohnhaus oder Garage vorgesehen ist, eignet sich auch eine Gartenhütte oder ein Geräteschuppen zum Aufbewahren von Gartenutensilien. Auch zum Trocknen und Lagern der eigenen Ernte kann eine Gartenhütte verwendet werden, sofern sie die richtigen Bedingungen dafür bietet.

Ebenso lässt sich eine kleine **Werkstatt** in eine Gartenhütte integrieren. Platziert man die Gartenhütte so, dass sie Schatten spendet, kann ein **gemütlicher Sitzplatz** außerhalb entstehen, den man überdacht oder mit Pflanzen bewachsen lässt. Wieder können also viele Funktionen in ein Gebäude integriert werden. So können an der wettergeschützten Seite Kletterpflanzen mit essbaren Früchten wie Wein und Kiwis die Außenwand der Gartenhütte hochwandern und das Dachwasser kann für den Gemüseanbau gesammelt werden. Die Möglichkeiten sind auch hier sehr umfangreich. Bevor eine Gartenhütte gebaut wird, sollte sichergestellt werden, ob eine Genehmigung vom Bauamt eingeholt werden muss.

• Sonnenfalle

Unter einer *Sonnenfalle* versteht man einen Baumgürtel oder Erdhügel in Form einer Sichel oder eines Croissants, der Richtung Süden ausgerichtet ist. Wie der Name bereits andeutet, dient eine Sonnenfalle dazu die Wärme der Sonne einzufangen. Innerhalb des Halbkreises wird die Wärme der Sonne gespeichert und zusätzlich entsteht ein Schutz vor kalten Winden aus Norden. Im geschützten Bereich, der dadurch entsteht, können weitere Elemente platziert werden, die von diesem besonderen Mikroklima profitieren, wie zum Beispiel Obst- und Gemüsegärten, Gewächshäuser und Sitzgelegenheiten.

Eine Sonnenfalle sorgt durch die südliche Ausrichtung und den Schutz vor kalten Winden für milde klimatische Bedingungen.

• Schlüssellochbeete

Schlüssellochbeete finden sich als Element ebenso in so manchen Permakulturgärten und sind vielerorts beliebt aufgrund ihrer Optik. Schlüssellochbeete nutzen ein Lappenmuster, um für ein besonders effizientes Verhältnis von Weg- zu Beetfläche zu sorgen. Auf kleiner Fläche lassen sich so viele verschiedene Gemüsepflanzen und weitere Kulturen unterbringen. Die Form des Weges ähnelt einem Schlüsselloch und die Beetfläche verteilt sich rund um den Weg. Schlüssellochbeete sind aufgrund ihrer Form besonders platzsparend und deshalb vor allem für Gärten mit kleiner Fläche interessant. Steht genügend Platz zur Verfügung, ist es nicht erforderlich Beete in dieser Form anzulegen.

Schlüssellochbeete optimieren das Verhältnis von Gehwegfläche zu Beetfläche.

• Kräuterspirale

Eine Kräuterspirale ist ebenfalls ein bewährtes Element für einen Garten mit kompakter Größe und wurde ebenso wie Schlüssellochbeete vorrangig für die Kultivierung von Gemüse und Kräutern auf engstem Raum entwickelt. Bei einer Kräuterspirale werden auf sehr kleiner Fläche viele unterschiedliche Mikroklimas kreiert. So können sich viele verschiedene Pflanzen – vorrangig Kräuter – mit unterschiedlichen Ansprüchen einfinden. Die Spiralform wird meist mithilfe von Natursteinen oder Ziegeln gelegt und steigt dabei kontinuierlich an. Mediterrane Kräuter wie Rosmarin, Thymian und Lavendel finden sich im trockenen, oberen Bereich der Spirale ein, feuchteliebende Kräuter wie Minze und Schnittlauch finden im feuchten, unteren Bereich ihr passendes Mikroklima.

Eine Kräuterspirale nutzt die kompakte Geometrie einer Spirale, damit auf kleinem Raum möglichst viele verschiedene Kräuter angebaut werden können.

Eine Kräuterspirale wird in der Regel mit einem Durchmesser von etwa zwei Metern angelegt. So lässt sich jeder Bereich noch gut erreichen und man hat verschiedene Küchen- und Heilkräuter schnell parat. Durch die verschiedenen Zonen, die innerhalb einer Kräuterspirale entstehen, bietet sie auch wertvollen Lebensraum für Insekten, Amphibien und weitere Lebewesen. So tragen auch Gärten mit kleiner Größe zur Aufrechterhaltung von Artenvielfalt und Schaffung wertvoller Lebensräume bei.

Verfügt man hingegen über einen großflächigen, naturnah gestalteten Garten mit Stein- und Totholzhaufen, Hecken, Wasserstellen und einer diversen Pflanzenvielfalt aus Bäumen, Sträuchern, Blumen und Kräutern, finden Käfer, Kröten und Vögel ohnehin viele interessante Plätze zum Leben und auch verschiedene Kräuter lassen sich an unterschiedlichen Plätzen mit unterschiedlichen Gegebenheiten kultivieren. So finden Salbei, Thymian und Rosmarin vielleicht einen geschützten Platz nahe einer warmen Hausmauer, während Schnittlauch, Melisse und Petersilie als Begleitpflanzen unter Obstbäumen oder im halbschattigen Bereich im Gemüsebeet wachsen können. Besonders feuchteliebende Pflanzen wie Minzen und Brunnenkresse können rund um Wasserstellen kultiviert werden.

• Hügelbeete

Hügelbeete sind ein weiteres bekanntes Element in der Permakultur. Beim Anlegen eines Hügelbeets werden im Kern des Hügelbeets kleine Baumstämme und Äste vergraben und anschließend mit Tierdung und Humus bedeckt.

Die Idee hinter diesem Aufbau ist, dass sich das vergrabene Holz im Beet über mehrere Jahre hinweg zersetzt und so als Nährstofflieferant dient. Essenziell bei diesem Aufbau ist der Tierdung, da ohne diese stickstoffreiche Schicht beim Zersetzungsprozess des Holzes der ganze Stickstoff im Boden aufgebraucht werden würde und infolgedessen den Pflanzen beim Wachstum fehlt.

Wird der Aufbau aber korrekt ausgeführt, ist für fruchtbaren Boden über mehrere Jahre hinweg gesorgt. Hügelbeete anzulegen macht aber nur Sinn, wenn ein Überschuss an Ästen, Baumstämmen, Tierdung und Humus vorhanden ist. Sind diese Materialien nicht vorhanden, dafür aber zum Beispiel eine Wiese, die als regelmäßiger Heulieferant dient, ist das Anlegen eines *No-Dig*-Beets mit Heu sinnvoller, anstatt all die benötigten Materialien für ein Hügelbeet erst herbeischaffen zu müssen. **Permakulturgestaltung bedeutet die passende Lösung im Kontext der Umgebung zu finden.** So entscheiden oft die vorhandenen Ressourcen über das spätere Erscheinungsbild des Gemüsegartens.

• Wildniszone

In der Wildniszone siedeln sich von selbst verschiedene Pflanzen an, wie hier im Bild eine wilde Karde.

Wildniszonen sind Bereiche innerhalb eines Gartens oder Grundstücks, die ganz der Natur überlassen werden. Sie sind von besonderer Bedeutung, denn die Natur braucht Platz und Zeit, sich immer wieder weiterzuentwickeln und an Veränderungen anpassen zu können. Auf großer wie auf kleiner Fläche stellen diese Zonen deshalb einen hohen Mehrwert dar. Wildniszonen können auf zwei verschiedene Arten etabliert werden: Entweder man wählt eine Fläche und überlässt diese komplett sich selbst oder man pflanzt einige Pionierpflanzen, um eine natürliche Sukzession voranschreiten zu lassen. Die Beobachtung vom Entstehungsprozess eines wilden Stücks Natur kann sehr spannend und aufschlussreich sein. Viele verschiedene Stadien werden über einen mehr oder weniger langen Zeitraum durchlaufen und machen die Entstehung von Ökosystemen durch das eigene Erleben und Beobachten greifbar. Eine Wildniszone im Garten kann ein Ort der Entschleunigung und Entspannung sein, aber vor allem auch ein Ort, um zu beobachten und zu lernen.

• Wasser im Garten: Teiche, Wassertanks und Sickergräben

Wasser ist ein essenzielles Element im Garten. Wenn wir beginnen, Wasser zu speichern und in den Boden versickern zu lassen, dann nehmen wir die Wasserversorgung unserer Gärten selbst in die Hand. Wir machen uns somit unabhängiger von Wettereinflüssen und zentraler Wasserversorgung und tragen aktiv dazu bei den **Grundwasserspiegel** zu heben.

Wie wir bereits gehört haben, ist einer der besten Wasserspeicher der Boden selbst. Gespeichertes Wasser im Boden bringt auch viele positive Einflüsse für einen Garten mit sich. Das Wasser ist gut geschützt vor Verdunstung durch Wind und Sonne und den Bodenlebewesen und Pflanzen steht genügend Wasser für ihr Wachstum und ihre Vermehrung zur Verfügung.

In freier Natur speichert mit Abstand am besten ein gesunder, diverser Wald Wasser im Boden. Kaum ein Tropfen Wasser verlässt den Wald ohne entweder von einer Pflanze aufgesaugt oder durch den Boden gesickert zu sein. Wenn aber kein Waldstück im eigenen Garten vorhanden oder gewünscht ist und die Menge an Wasser im Boden erhöht werden soll, können Systeme wie Sickergräben helfen. Um Wasser zu speichern, um es in seiner flüssigen Form zugänglich zu haben, eignen sich Teiche und Wassertanks ideal. Jede dieser Speicheroptionen hat seine Berechtigung und findet in unterschiedlichen Einsatzgebieten Anwendung:

Teiche

Teiche sind kleine Juwele in der Landschaft und ein Treffpunkt für eine Vielzahl an Lebewesen. Sie dienen als Wasserreserven für Trockenperioden und sind auch optisch eine Bereicherung in der Landschaft. Sie bringen Ruhe und Klarheit in einen Garten und wirken je nach Wassermenge auch ausgleichend auf das **Mikroklima** im Garten.

Sobald man sich für einen Teich im Garten entscheidet, steht man zunächst vor der Frage, wie man ihn abdichtet. Hier gibt es verschiedene Möglichkeiten: Man kann einen Teich entweder zur Gänze mit vorhandenem Lehm im Boden abdichten, eine geosynthetische Bentonitmatte oder Bentonitpulver verwenden oder eine Kunststofffolie einsetzen. Alle diese Teichdichtungen funktionieren und haben sich in der Praxis bewährt. Je nach Gegebenheiten vor Ort wird die passende Methode gewählt. Der Einsatz einer Kunststofffolie sollte mit Ausnahme sehr kleiner Teiche dabei immer die letzte Wahl sein, da ihre Lebensdauer begrenzt ist und Randbereiche wenig natürlich gestaltet werden können.

Natürliche Teichdichtungen mithilfe von Lehm oder Bentonit haben einen großen Mehrwert für das Leben im und um den Teich und sind bei guter Bauweise deutlich langlebiger als Folienteiche. Der Bau von Naturteichen erfordert ein hohes Maß an Sorgfalt und Kenntnis der

Materialien und sollte daher auf jeden Fall von einem erfahrenen Teichbauer begleitet werden, um nicht zufriedenstellenden Ergebnissen vorzubeugen.

Es ist dabei wichtig zu wissen, dass ein Naturteich nie zur Gänze dicht sein wird, im Vergleich etwa zu einem Folienteich. Das ist aber auch gar nicht notwendig, denn in jedem natürlichen Gewässer schwankt der Wasserpegel in regelmäßigen Abständen. Durch den Einfluss von Sonne und Wind verdunstet ein Teil des Wassers und ein Teil sickert langsam in tiefere Erdschichten. Bei jedem Regen wird das Gewässer dann wieder aufgefüllt.

Ein Naturteich sollte am besten über einen ständigen Zulauf verfügen oder von einer Dachfläche oder einer anderen, größeren Fläche zusätzlich mit Wasser gespeist werden. In unseren Breiten sollte diese Fläche mindestens drei Mal so groß wie der Teich selbst sein.

Um sicherzustellen, dass der Teich bei Starkregen nicht überläuft und zu Überschwemmungen führt – egal ob Naturteich oder Folienteich – wird ein Überlauf benötigt.

Um die Wasserqualität bei hohen Temperaturen im Sommer aufrechtzuerhalten, empfiehlt sich eine flache Zone von etwa 50 Zentimeter Tiefe in den Teich zu integrieren, um **wasserreinigende Pflanzen** wie Schilf anzubauen. Es reicht, wenn diese Fläche etwa ein Fünftel der gesamten Teichfläche ausmacht. Wird in einem Teich auch gebadet oder schwimmen Tiere wie Enten darin, sollte diese Fläche mindestens ein Drittel der Teichfläche einnehmen. Damit das Schilf nicht den gesamten Teich für sich in Anspruch nimmt, muss es regelmäßig geschnitten werden. Es eignet sich ideal zum Mulchen von Gehwegen und bietet in Bündeln zusammengebunden auch wertvolle Nistplätze für Wildbienen.

Es dauert nicht lange, bis ein neu gebauter Teich von der Tierwelt für sich entdeckt wird. Das Ökosystem Garten wird dadurch noch vielfältiger und ausgeglichener.

Wassertanks

Wassertanks, oberirdisch wie unterirdisch, speichern meist deutlich weniger Wasser als ein Teich. Dafür lässt sich in einem Wassertank oder in einer Zisterne die Wasserqualität noch einfacher kontrollieren und es kann Wasser von **sehr hoher Qualität** gesammelt und gespeichert werden.

Meistens wird in Tanks Regenwasser von Dächern gespeichert. Eine Einschätzung der Wasserqualität lässt sich mit einem Vergleich zur Luftqualität treffen.

Das Regenwasser ist immer dann von hoher Qualität und Reinheit, wenn auch die **Luftqualität** sehr gut ist. Würde unsere Wasserversorgung rein auf Regenwasser basieren, würden wir automatisch auch besser auf die Qualität der Luft achten. Jeder Mensch hätte das Bedürfnis, für eine gute Luftqualität einzustehen.

Wird Wasser in einem Tank gelagert, sollte verhindert werden, dass zu viel organisches Material wie Blätter und Blütenstaub vom Dach in den Tank gelangt. Ansonsten kann Algenwachstum begünstigt werden.

Eine kleine Menge organisches Material kann aber auch positive Effekte auf die Wasserqualität haben. Hier eignen sich Filter in Regenrinnen oder im Tank integriert sehr gut, die man gelegentlich säubert. Um Algen und unerwünschten Bakterien im Wasser keinen Lebensraum zu bieten, muss zusätzlich dafür gesorgt werden, dass das Wasser kühl und vor Licht geschützt gelagert wird.

Licht und organisches Material sind die Lebensgrundlage für **Algen** und **Bakterien** im Wasser. Bei einer sauberen und dunklen Lagerung haben diese keine Möglichkeit sich zu vermehren. In diesem Zusammenhang haben Zisternen den Vorteil, dass sie unterirdisch automatisch vor Licht und Wärme geschützt sind.

Sickergräben

Geht es nun darum Wasser im Boden zu speichern, kann ein Sickergraben zum Einsatz kommen – im Englischen auch *Swale* genannt. Ein Sickergraben ist ein Graben entlang einer Höhenlinie, der Wasser sammelt, verteilt und in den Boden versickert. Er wird so gebaut, dass das Aushubmaterial des Grabens einfach zur Seite geschaufelt und daraus eine kleine Erhöhung geformt wird. Damit der Hang aufgrund der erhöhten Wassermenge nicht zu rutschen beginnt, wird der Sickergraben auf der Erhöhung mit Bäumen ausgepflanzt, die den Hang mit ihren Wurzeln stabilisieren. Ein Sickergraben stoppt somit anfallendes Wasser und durch seine waagrechte Höhenlage verteilt es sich über den ganzen Graben, selbst wenn das Wasser nur an einer Stelle in den Graben fließt. Dieses System funktioniert nicht nur auf steilen Hängen, sondern auch auf sehr flachen Grundstücken.

Finden Sickergräben auf einer flachen, feuchten Fläche Einsatz, können sie dabei helfen Staunässe zu vermeiden. Indem auf die Erhöhung Bäume wie Obst- oder Pionierbäume gepflanzt werden, sorgt man dafür, dass diese nicht im Wasser stehen. Auf steilen Hängen hingegen sorgt man mit einem Sickergraben dafür, dass Wasser nicht ungehindert den Hang hinunterläuft und das Grundstück verlässt ohne einen Tropfen davon im Boden gespeichert zu haben. Damit ein Sickergraben bei Starkregen nicht überläuft und zu Überschwemmungen führt, benötigt er wie ein Teich einen gesicherten Überlauf, um überschüssiges Wasser kontrolliert ableiten zu können.

Sickergräben können in vielen verschiedenen Größen Anwendung finden. Sie bereichern sowohl große landwirtschaftlich genutzte Flächen als auch kleine Obstgärten. Auch im Gemüsegarten kann das Prinzip eines Sickergrabens genutzt werden, um mehr Wasser zu sammeln. Werden Gemüsebeete entlang einer Höhenlinie angelegt, funktionieren die Beete wie kleine Sickergräben. Das Beet stellt die Erhöhung dar, die Gehwege dazwischen den Graben. Somit wird Wasser, das bei Regen das leichte Gefälle hinunterläuft, gestoppt und verteilt und sickert dann in die Gemüsebeete.

Ein Sickergraben erhöht die gespeicherte Wassermenge im Boden deutlich. Etwa sieben Jahre dauert es, bis das maximale Speichervolumen im Boden erreicht wird.

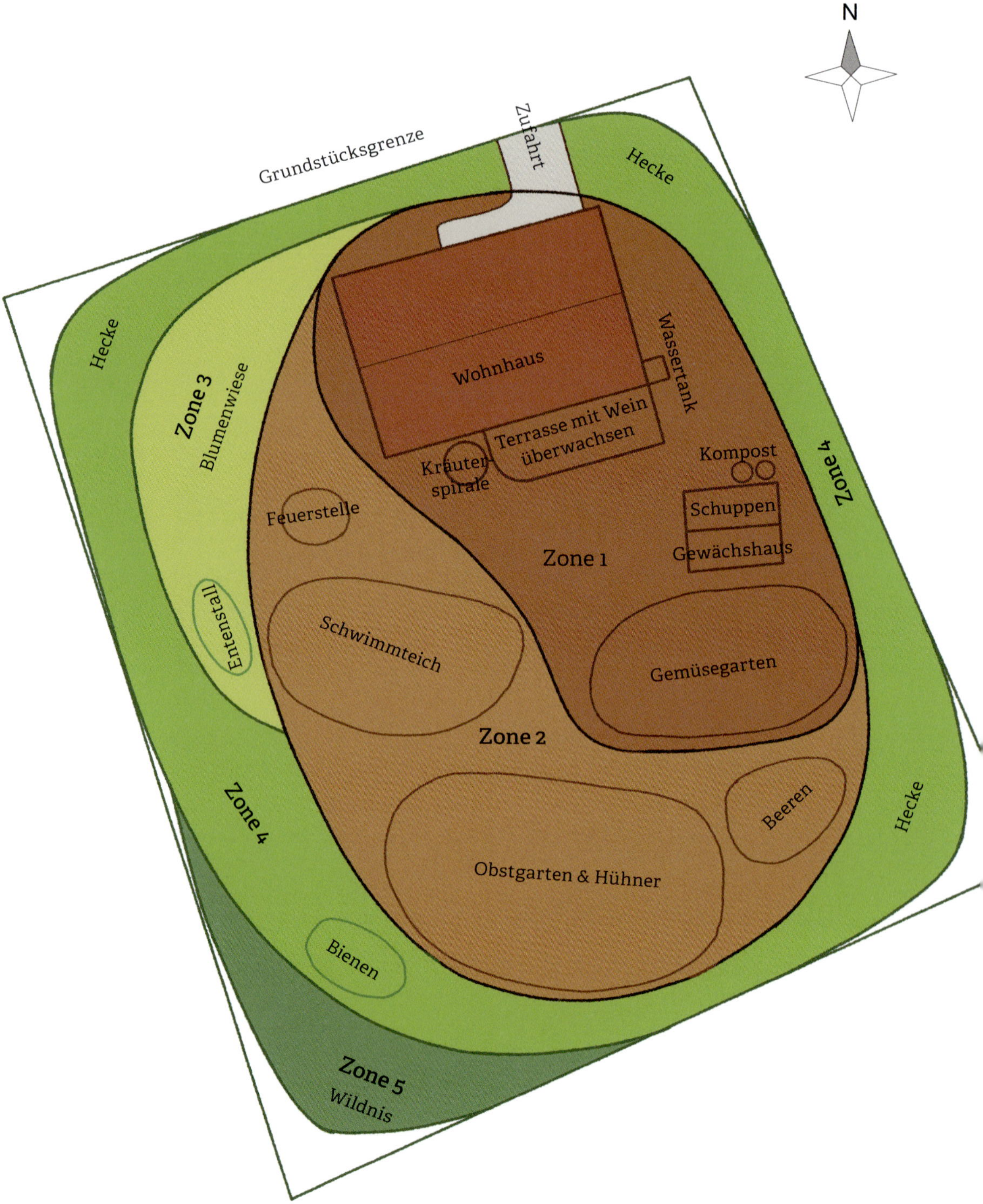
N
Grundstücksgrenze
Zufahrt
Hecke
Hecke
Hecke
Zone 3
Blumenwiese
Wohnhaus
Wassertank
Terrasse mit Wein überwachsen
Kräuterspirale
Kompost
Schuppen
Gewächshaus
Feuerstelle
Zone 1
Zone 4
Entenstall
Schwimmteich
Gemüsegarten
Zone 2
Zone 4
Beeren
Obstgarten & Hühner
Bienen
Zone 5
Wildnis

Zonierung im Permakulturgarten

Wir kennen nun verschiedene Elemente, die ein vielfältiger Garten beinhalten kann, und deren Anwendungsgebiete. Diese Elemente ordnen wir im nächsten Schritt nach Zonen an.

Diese Zonen sorgen für weitere Struktur und zeichnen einen sinnvoll **strukturierten Permakulturgarten** aus. Sie stellen den Arbeits- und Energieaufwand dar, der in der jeweiligen Zone nötig ist, um die darin enthaltenen Elemente zu betreuen. Zonierung sorgt somit für eine durchdachte Platzierung der verschiedenen Elemente.

Wir teilen dazu die Elemente in fünf Zonen ein:

Die erste Zone ist jene, in der die meiste Interaktion passiert. Es macht daher Sinn, die Elemente in **Zone 1** rund um das Wohnhaus oder den zentralen Punkt am Grundstück anzuordnen. So werden die Gehwege zu oft besuchten Elementen kurz gehalten. Elemente in Zone 1 können sein: Gemüsegarten, Gewächshaus, Kompost, Wassertanks, Kräuterspirale …

Weiter geht es in **Zone 2**, die nun weniger kontinuierlichen Energie- und Arbeitsaufwand erfordert, aber dennoch in gewisser Nähe zum zentralen Ort des Gartens gelegen sein soll. Elemente in Zone 2 können sein: Gartenhütte, Obstgarten, Hühnerstall, Teiche …

In diesem Verfahren wird bis Zone 4 vorgegangen. Von Zone zu Zone wird der erforderliche Betreuungsaufwand immer weniger. In **Zone 3** und **Zone 4** können Elemente wie Teiche, Kartoffelacker, kleine Maisfelder, Wiesen, Weiden, Nutzwälder und Hecken Platz finden.

Zone 5 stellt die Wildniszone dar, wie im vorigen Kapitel bereits beschrieben. Diese Zone wird nur besucht, um zu lernen, zu beobachten und Ruhe und Entspannung zu finden, ohne sie aktiv zu bewirtschaften.

Je nach anfänglichen Intentionen und Zielen für den eigenen Garten erhalten die verschiedenen Elemente unterschiedliche Priorität und ordnen sich auf diese Weise den unterschiedlichen Zonen zu.

Sind alle Elemente Zonen zugeordnet, beachten wir zur finalen Platzierung zusätzlich die Einflüsse und großen Rahmengeber von außen wie den Sonnenstand, Wind und die Himmelsrichtungen. Unter Berücksichtigung dieser Komponenten definiert sich die Platzierung der Elemente nahezu wie von selbst.

Es entsteht die **Grundstruktur des Gartens** nach Energie- und Arbeitsaufwand und stellt sicher, dass jedes Element seinen richtigen Platz bekommt und dort auch auf längere Sicht Freude bereitet.

Hier nochmal ein Beispiel einer möglichen Zonierung:

- Zone 1: Gemüsegarten, Gewächshaus, Kräuterspirale, Kompost, Wassertank
- Zone 2: Obstgarten, Gartenhütte, Hühnerstall, Schwimmteich
- Zone 3: Teich, Kartoffelacker, Weide, Blumenwiese
- Zone 4: Wiesen, Nutzwald, Hecken, Bienen
- Zone 5: Wildniszone

Mikroklima

Beobachtet man einzelne Pflanzen in der Natur, wird man immer wieder feststellen, dass manche Pflanzen besonders vital und gesund wachsen und manche weniger. Womöglich lässt sich sogar eine zweite Pflanze der gleichen Art einige Meter entfernt finden, die deutlich weniger gesund wächst. Ein entscheidender Faktor, wie gut eine Pflanze mit ihren Standortbedingungen zurechtkommt, kann das Mikroklima sein. Wie auch das Klima im Allgemeinen den Durchschnitt unterschiedlicher Wettersituationen beschreibt, bezieht sich das Mikroklima ebenso auf klimatische Bedingungen. Wie der Name Mikroklima schon andeutet, beschreibt es aber nun das Klima, das auf kleiner **Fläche in Bodennähe** vorherrscht. Diese Bedingungen können binnen weniger Meter drastisch wechseln. Bei der Gestaltung eines Gartens kann man ganz bewusst für Mikroklimas sorgen, die Pflanzenwachstum fördern und klimatische Bedingungen moderieren.

Um die Auswirkung eines Mikroklimas zu verdeutlichen, hilft ein Blick in den Wald. Im Sommer ist es in einem Wald oft deutlich kühler als einige Meter weiter außerhalb des Waldes. Der Wald beeinflusst also das vorherrschende Mikroklima und moderiert es sogar, er sorgt für ein lebensfreundliches Mikroklima. Ein großer Teich oder ein See beeinflusst das Mikroklima ebenfalls und moderiert es auf ähnliche Weise.

Moderierende Elemente sind vor allem Pflanzen und wärmespeichernde Materialien wie Wasser und Steine. Wenn Pflanzen bei der Fotosynthese Wasser verdunsten, hat dies einen kühlenden Effekt auf die Umgebung. Den kühlenden Effekt von verdunstetem Wasser kennt man, wenn unsere Haut nass ist und vom Wind getrocknet wird. Kondensiert hingegen Wasserdampf, wie es zum Beispiel bei Nebelbildung der Fall ist, tritt der gegenteilige Effekt ein und Wärme wird frei.

Das ist auch der Grund, warum es selten friert, wenn die Landschaft in dichten Nebel gehüllt ist. Denkt man an ein dicht bebautes Gebiet im Sommer, wie es in vielen Städten der Fall ist, sorgen hier große Asphaltflächen für ein spezielles Mikroklima. In diesem Fall fehlen moderierende Elemente wie Bäume und Wasser, sodass das Mikroklima schnell in ein Extrem kippt.

Moderierende Elemente sind also von besonderer Bedeutung und sorgen für eine **lebensfreundliche, ausgeglichene Umgebung**, auch in unseren Gärten. Hier können zusätzlich Hecken und Hausmauern als Windschutz zum Anpassen von Mikroklimata verwendet werden, sowie durch Sonnenfallen und wärmespeichernde Elemente spezielle Mikroklimata bewusst kreiert werden, um zum Beispiel gemütliche Sitzgelegenheiten zu schaffen oder auch um bestimmte Pflanzen zu kultivieren. Werden rund um wärmebedürftige Pflanzen zum Beispiel Steine verteilt, bleiben diese nach einem sonnigen Tag bis lange in die Nacht hinein warm und sorgen dafür, dass die Pflanzen durch die Wärme mehr Zeit zum Wachsen haben. Pflanzt man einen Feigenbaum neben einem Wassertank oder einer Regentonne, entsteht ein ähnlicher Effekt. Ein Teich erzielt diesen Effekt in noch größerem Stil.

Viele sich gegenseitig unterstützende Pflanzen finden sich in einer Gilde ein. Auf engem Raum kann zudem eine bunte Vielfalt an Kräutern und Beeren geerntet werden.

Fruchtbare Pflanzengemeinschaften

Jedes Element in der Natur hat einen Einfluss auf benachbarte Elemente. Dieser Einfluss kann positiv, negativ oder neutral sein. Gruppen von Elementen, die sich untereinander in verschiedenen Eigenschaften positiv beeinflussen, nennen wir *Gilden*. Eine Gilde ist ein kleines in sich abgestimmtes System, das sich gegenseitig positiv unterstützt. Gilden sind ein gutes Beispiel dafür, wie wir verschiedene Pflanzen und weitere Elemente anordnen können, damit ein oder mehrere Bestandteile positiv beeinflusst werden.

Eine ganz typische Anwendung einer Gilde kann in Form einer **Obstbaumgilde** sein. In einer Obstbaumgilde wachsen rund um den Obstbaum Kräuter, Beeren und Gemüsepflanzen wie zum Beispiel Erdbeeren, Knoblauch, Rosmarin und Johannisbeeren nebeneinander.

Jede Pflanze hat in diesem Geflecht eine Funktion:
Die Erdbeeren bedecken und schützen den Boden vor Sonne und Wind, Knoblauch und Rosmarin verwirren Insekten mit ihren Gerüchen und die Johannisbeeren wachsen gerne im Halbschatten des Obstbaums und beschatten seinen Stamm im Winter. Die Rinde des Obstbaums wird so vor zu großen Temperaturschwankungen bei Sonneneinstrahlung geschützt und reißt dadurch weniger stark. Unterhalb der Erde entsteht ein buntes Wurzeldurcheinander, das dazu führt, dass sich Wühlmäuse durch die vielen verschiedenen Gerüche weniger wohlfühlen. Der Obstbaum ist dadurch in jungen Jahren gut geschützt vor den hungrigen Nagern. Und wir können die Fülle an Essen und Naschereien genießen, die in einer Obstbaumgilde wachsen. Obwohl im Beispiel der Obstbaumgilde zwar die Verbesserung eines Elements im Vordergrund steht, in diesem Fall also der junge Obstbaum, profitieren auch all die weiteren Pflanzen innerhalb der Gilde davon. So lässt sich eine produktive und widerstandsfähige Pflanzengemeinschaft kreieren.

Kombiniert man mehrere Gilden miteinander, entsteht ein ganzes Ökosystem aus vielen kleinen Gilden.

Verknüpfen, was sich ergänzt und unterstützt

Je besser wir die Bestandteile eines Gartens miteinander verknüpfen, desto stärker ist jedes Element in das Ökosystem Garten eingebunden. Mit der Berücksichtigung von Mikroklima, Mustern und Gilden sowie den individuellen Bedürfnissen jedes einzelnen Elements lassen sich viele positive Verknüpfungen in unserem Gestaltungsprozess erschaffen. Unser Verständnis aus den Beobachtungen der Natur fließt hier ebenso mit ein. Schritt für Schritt tasten wir uns so von einem Element zum nächsten.

Im Folgenden sind einige Beispiele angeführt, welche die Möglichkeiten zur Verknüpfung verschiedener Elemente im Garten aufzeigen:

› Das **Wegesystem** des Gartens kann in Form eines Zweigmusters angelegt werden. Das am öftesten begangene Wegstück stellt den Stamm des Musters dar und wird besonders breit ausgeführt. Die weniger oft genutzten Wege werden kleiner angelegt. Somit finden sich auch neue Gartenbesucher intuitiv zurecht.

› Wird der Obstgarten als **Sonnenfalle** angelegt, dient er somit als Windschutz und Wärmefänger für einen darin platzierten Gemüsegarten. Eine Hecke hinter dem Obstgarten schützt diesen wiederum vor Wind.

› Bei leichter Hanglage kann der **Komposthaufen** oberhalb der Gemüsebeete platziert werden, somit sickern Nährstoffe bei Regen schon während des Kompostierungsvorgangs aus dem Komposthaufen direkt in den Gemüsegarten.

› Wird der Gemüsegarten innerhalb eines **Entengeheges** platziert, werden Schnecken effektiv vom Gemüsegarten ferngehalten.

› Falls wenig Platz für den Gemüsegarten zur Verfügung steht, kann dieser in Form von **Schlüssellochbeeten** angelegt werden, um das Verhältnis von Weg- zu Beetfläche zu optimieren. Auch eine Kräuterspirale kann zum Anbau verschiedenster Kräuter auf kleiner Fläche zum Einsatz kommen.

› Eine **Kletterpflanze** kann als grüne Überdachung einer Terrasse im Sommer Schatten spenden. Im Winter verliert die Pflanze ihre

Kletterpflanzen wie Wein, Kiwis und Hopfen sind tolle Schattenspender im Sommer und sorgen für zusätzliche Ernte.

Blätter und die Terrasse wird mit wärmespendenden Sonnenstrahlen erfüllt. Beide Elemente profitieren voneinander. Der Platz wird doppelt genutzt und das Dach der Terrasse produziert vielleicht sogar Lebensmittel wie Weintrauben oder Kiwis.

› Ein **Teich** kann zusätzlich zu seinem Hauptzweck als Lebensraum und Wasserspeicher zum Reflektieren von Licht in ein danebenstehendes Gewächshaus genützt werden. So gelangt mehr Licht zu den Pflanzen ins Gewächshaus, was die Anbausaison verlängert.
› **Teiche, Wassertanks und Sickergräben** können miteinander verknüpft werden. Zum Beispiel kann ein höher gelegener Sickergraben mit einem Überlauf ausgestattet werden, der in einen tiefer gelegenen Teich entwässert. Wenn alle Wassertanks voll sind, wird das überschüssige Wasser ebenso in Teiche oder Sickergräben weitergeleitet. So wird das Wasser durch den Garten geleitet, ohne eine Pumpe zu benötigen. Das Wasser fließt von der Schwerkraft angetrieben von einem Element zum nächsten.

- Regentonnen und Wassertanks als **Wärmespeicher** erschaffen besondere Plätze, an denen sich wärmebedürftige Pflanzen sehr wohlfühlen. Ein Feigen- oder Pfirsichbaum freut sich, wenn er neben einem Wassertank einen *Premiumplatz* zum Wachsen bekommt.
- Werden **Hühner** im Obstgarten gehalten, sorgen sie nicht nur für die Kontrolle von Insektenpopulationen, sondern auch für die Düngung der Obstbäume. Zudem stellt eine baumreiche Umgebung einen artgerechten Lebensraum für sie dar, da Hühner vor der Domestizierung durch den Menschen ursprünglich Waldrandbewohner waren.
- Innerhalb eines Hühnergeheges kann ein **Maulbeerbaum** gepflanzt werden. Zum Füttern der Hühner braucht der Baum bloß geschüttelt werden und die Maulbeeren fallen als Futter vom Baum. Der Wurzelbereich des Maulbeerbaums wird mit Holzscheiben oder Steinen vor dem Scharren der Hühner geschützt. Werden die Scheiben oder Steine umgedreht, finden die Hühner nährstoffreiches Zusatzfutter, weil sich darunter besonders gern kleine Insekten und Würmer verstecken.

Maulbeeren sind bei vielen Gartenbewohnern beliebt: Hühner und Vögel bedienen sich an den leckeren und nährstoffreichen Früchten genauso gern wie wir Menschen.

- Werden außerhalb am Zaun eines Hühnergeheges **Beerensträucher** kultiviert, können alle Triebe, die in das Gehege hineinwachsen, von den Hühnern verspeist werden und alles, was außerhalb wächst, von uns Menschen. Die Hühner kümmern sich ganz nebenbei auch um den Rückschnitt und die Düngung der Sträucher.
- Ein **Komposthaufen** innerhalb des Hühnerbereichs ist ideal platziert, denn Hühner lieben es im Kompost zu scharren. Die Hühner haben Freude daran alle Samen herauszupicken, finden unter den Essensresten wertvolle Nahrung und beschleunigen durch ihre Ausscheidungen gleichzeitig den Kompostierungsprozess. Mit einer cleveren Rotation mehrerer Komposthaufen kann sogar das gesamte Kompostsystem daraus ausgelegt werden.
- Ein Obst- oder Pionierbaum kann auch als **Spalier** für mehrjährige Kletterpflanzen dienen. Auch einjährige Gemüsepflanzen wie Erbsen, Bohnen oder Kapuzinerkresse klettern gern Bäume hoch.
- **Kleine Wasserstellen** in Form von flachen Gefäßen erfreuen im Sommer nicht nur Vögel beim Baden und Trinken, sondern können auch zusätzlich zum Kultivieren von Brunnenkresse oder weiteren wasserliebenden Pflanzen genutzt werden.
- **Steine**, die neben wärmebedürftigen Pflanzen wie Melonen gelegt werden, speichern Wärme in die Nacht hinein und unterstützen so die Pflanze in ihrem Wachstum. An einem kühlen Morgen liefern die Steine der Pflanze zusätzlich Kondenswasser und während des Tages schützen sie den Boden vor Austrocknung.
- Ein **Zaun** kann quer zur Hauptwindrichtung platziert werden, sodass er im Herbst Blätter sammelt, die anschließend zum Kompostieren verwendet werden.

Sobald diese Art des Denkens und Verknüpfens vollständig integriert wurde, lassen sich endlos viele dieser kleinen, sich positiv unterstützenden und effizienten Verbindungen finden. Genau solche Verknüpfungen innerhalb verschiedener Elemente zeichnen eine Gestaltung mit Permakulturprinzipien aus. Hier ist jeder eingeladen, seiner Kreativität freien Lauf zu lassen.

Die richtigen Pflanzen auswählen

Eine bunte Vielfalt an Pflanzen ist ein wichtiger Bestandteil eines Permakulturgartens. Unter dem großen Angebot an verschiedenen Arten und Sorten, die zur Auswahl stehen, kann es durchaus herausfordernd sein, die passenden Pflanzen auszuwählen. Auch hier hilft eine strukturierte Herangehensweise. Beginnen wir bei den größeren Elementen, den Obst- und Nussbäumen.

Drei Aspekte sind bei der Auswahl von Obst- und Nussbäumen besonders wichtig:

- Schmeckt die ausgewählte Sorte?
- Wie groß wird der Baum?
- Wann werden die Früchte reif?

Allein unter den Apfelbäumen gibt es mehrere hundert Apfelsorten. Jede schmeckt ein wenig anders und variiert in ihrer Blüte- und Erntezeit. Bevor man einen Apfelbaum pflanzt, werden im besten Fall zuvor die Früchte probiert. Pflanzt man mehrere verschiedene Obstbäume, ist es zudem sinnvoll, die **Reifezeitpunkte** von ganz früh bis ganz spät in der Saison zu staffeln. Werden alle Früchte der gepflanzten Obstbäume zur gleichen Zeit reif, ist Stress bei der Ernte und Weiterverarbeitung bereits vorprogrammiert.

Auch bei Nussbäumen gibt es viele verschiedene Sorten und es empfiehlt sich hier einen genauen Blick darauf zu werfen, bevor eine Sorte ausgewählt wird. Beim Platzieren eines Baumes spielt seine Größe im ausgewachsenen Stadium eine große Rolle, sowie die Belichtungsverhältnisse am Standort und das Zusammenspiel mit den benachbarten Elementen. Für eine gute Fruchtqualität braucht er ausreichend Licht.

Sind die großen und landschaftsprägenden Bäume ausgewählt und platziert, werden im nächsten Schritt die Sträucher bestimmt.

Wieder gehen wir nach der gleichen Herangehensweise vor:

- Welche Sträucher möchte man unbedingt im Garten vorfinden?
- Wie groß sollen die Sträucher maximal werden?
- Wann blühen die Sträucher?

Auf diese Weise tasten wir uns bis zu den Bodendeckern vor. Je kleiner die Pflanzen, desto mehr werden von ihnen benötigt, um vorhandene Flächen zu füllen. Für nahezu jeden Baum kann man zwei bis drei Beerensträucher, einige Bodendecker sowie Kräuter und Gewürzpflanzen einplanen. So entsteht eine Gilde nach der anderen und jede räumliche Nische wird besetzt.

Bei der Pflanzenauswahl für eine Hecke sind vor allem die Größe und deren Qualitäten als Nistplatz, Unterschlupf und Nahrungsquelle für Vögel, Insekten und weitere Lebewesen ausschlaggebend. Bei einer durchdachten Auswahl kann man so dafür sorgen, dass bereits ab Ende Februar bis in den Spätsommer immer ein Strauch blüht. Die heimische Insektenwelt wird sich darüber sehr freuen.

Himbeeren wachsen zuverlässig an vielen Standorten und bereichern jeden Garten mit ihren schmackhaften Beeren.

Helfer aus aller Welt

Bei der Auswahl an Pflanzen für den Garten wird man immer wieder auf die Ausdrucksweise *heimische Pflanzen* stoßen. Als heimische Pflanzen bezeichnen wir Gewächse, die für eine Region typisch sind und bereits lange an einem Standort vorkommen. Das heißt, Pflanzen, die sich an eine Region angepasst haben und bereits für lange Zeit Teil des lokalen Ökosystems sind, tragen diesen Titel. Aber auch Pflanzen, die ursprünglich gar nicht Teil der natürlichen Flora waren, aber bereits über einen langen Zeitraum kultiviert werden, zählen wir intuitiv zu den heimischen Pflanzen. Der Apfelbaum ist dafür ein gutes Beispiel. Er ist aus Mitteleuropa nicht mehr wegzudenken und prägt auf Streuobstwiesen und in Gärten gemeinsam mit weiteren Obstarten das Landschaftsbild. Ursprünglich war die Wildform des domestizierten Apfelbaums aber in Zentral- und Westasien in der Region des heutigen Kasachstans heimisch.

Über Umwege wurde der Apfelbaum vor etwa 2000 Jahren nach Europa gebracht. Pflaumen wiederum fanden ihren Weg aus den östlichen Mittelmeergebieten zu uns. Der Begriff *heimische Pflanzen* ist, wie wir sehen, also sehr wandelbar. Wächst eine Pflanze lange genug in einer Region, wird sie als heimisch erachtet. Bei uns Menschen und generell bei jedem Lebewesen auf diesem Planeten ist das genauso der Fall. Deshalb ist es wichtig, dass wir unsere Umgebung mit all den vielen Pflanzen- und Tierarten nicht als steifes Gefüge sehen, sondern als einen sich ständig wandelnden Prozess wahrnehmen – lebendig und anpassungsfähig.

In einem Permakulturgarten findet sich eine große Vielfalt an Pflanzen ein. Dabei werden die Arten und Sorten nach vielen Faktoren ausgewählt. Der Funktion im Ökosystem, dem Anspruch an den Boden der Pflanze, der möglichen Nutzbarkeit und vielem mehr wird Aufmerksamkeit geschenkt. Mit einer sorgfältigen Auswahl werden sich ganz natürlich für die Region des Standorts typische Pflanzen ergeben. Es dürfen aber auch Pflanzen aus anderen Regionen der Welt in

Die üppige Blütenpracht der Robinie macht sich bereits aus der Ferne durch ihren markanten Duft bemerkbar. Steht man unter dem Blätterdach einer Robinie in voller Blüte, ist ein geschäftiges Treiben von vielen verschiedenen Insekten wahrzunehmen.

Betracht gezogen werden. Die aus Nordamerika stammende Robinie kann zum Beispiel bei der Wiederbegrünung von zerstörten Flächen oder bei der Bodenvorbereitung für einen Obstgarten oder einen Wald ein wertvoller Helfer sein. In unseren Breiten wird sie jedoch häufig ungern gesehen, da sie sich in manchen Fällen rasant ausbreiten und andere Pflanzen verdrängen kann.

Robinien sind anspruchslos und kommen selbst auf sehr trockenen Standorten gut zurecht. Sie wachsen rasch, können Wurzelausläufer bilden, mithilfe derer sie sich vermehren, und reichern in Symbiose mit Knöllchenbakterien den Boden mit Stickstoff an. Ihre schnellwachsenden Wurzeln schützen offenen Boden in kürzester Zeit vor Erosion und ihre üppigen Blüten bieten einer Vielzahl an Insekten reichlich Nektar. Das Holz ist sehr hart, enorm verrottungsresistent und kann als Ersatz von Tropenhölzern beim Bau von Terrassen und dergleichen dienen, was gut für den Schutz der Regenwälder ist. All diese Eigenschaften sind eigentlich sehr beeindruckend und machen die Robinie zu einer sehr vielseitig einsetzbaren Pflanze.

Beginnt die Robinie allerdings auf mageren Standorten mit einer bestehenden, artenreichen Pflanzenwelt zu wachsen, verändert sie den Boden und somit auch die vorherrschende Pflanzenwelt. Der Boden wird durch die Stickstoffbindung fruchtbarer und die zuvor wachsenden Pflanzen werden verdrängt. Die Robinie kann daher den Artenreichtum einer Fläche reduzieren.

Da die Robinie aber ein Pionierbaum ist, wird auch sie nach einigen Jahrzehnten ihre Aufgabe – den Aufbau von Bodenfruchtbarkeit und das Ansammeln von organischem Material – erfüllt haben und Platz für das nächste Stadium in der Entwicklung der Landschaft machen. So kann auf die Pionierarbeit der Robinien ein diverser Wald folgen. Auf lange Sicht wird sich auch in einem anfangs von Robinien dominierten Wald wieder eine natürliche, stabile Vielfalt einfinden. Durch gezielte Maßnahmen lässt sich dieser Prozess beschleunigen.

Wie wir sehen, ist auch hier ein genaues Hinsehen gefragt. **Heimische Artenvielfalt aufrechtzuerhalten ist von großer Bedeutung und beim Einsatz von Pflanzen aus anderen Regionen der Welt müssen die Folgen für die etablierten Ökosysteme mitbedacht werden.** So sollten wir zum Beispiel vor allem in trockenen Gebieten Pflanzen wie die Robinie nur mit viel Bedacht einsetzen.

All diese so vielseitigen Pflanzen von vorne herein auszuschließen wäre aber der falsche Weg. Unsere Obst- und Gemüsegärten sind das beste Beispiel dafür, wie wandelbar die Pflanzenwelt ist. Kakis, Pekannüsse, Feigen und Maulbeeren bereichern unsere Obstgärten und auch die aus Südamerika stammenden Kartoffeln und Tomaten sind aus der heimischen Landwirtschaft und unseren Gemüsegärten nicht mehr wegzudenken, obwohl Letztere gerade erst seit etwa 500 Jahren in Europa anzutreffen sind.

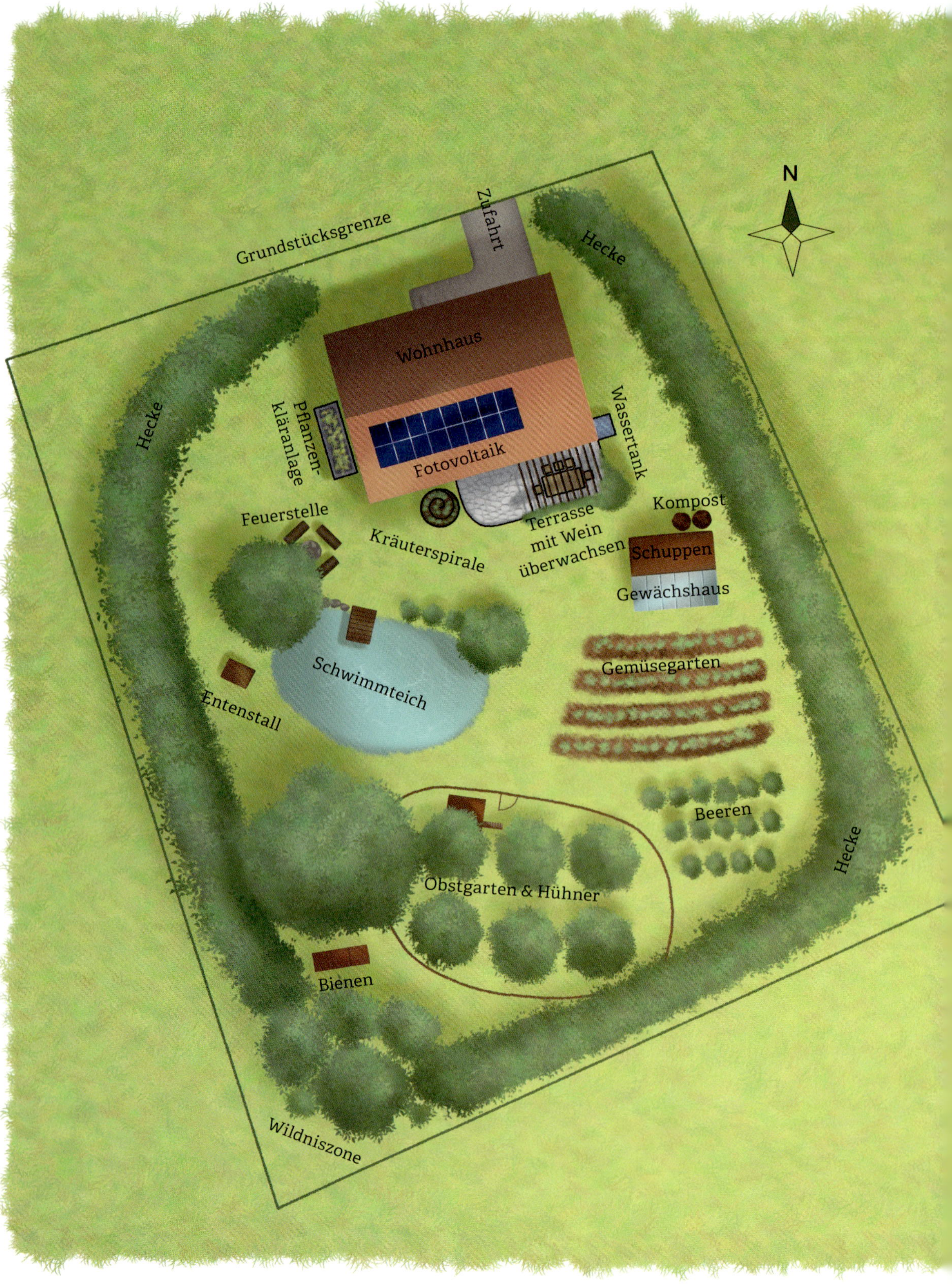
N
Grundstücksgrenze
Zufahrt
Hecke
Wohnhaus
Hecke
Pflanzen-
kläranlage
Wassertank
Fotovoltaik
Feuerstelle
Kompost
Kräuterspirale
Terrasse
mit Wein
überwachsen
Schuppen
Gewächshaus
Schwimmteich
Gemüsegarten
Entenstall
Beeren
Hecke
Obstgarten & Hühner
Bienen
Wildniszone

Fertigstellung einer Permakulturgestaltung

Von der anfänglichen Idee und den gesetzten Zielen bis zu einem ausgereiften Konzept durchlaufen wir viele Phasen. Mit jeder Phase wird die Planung feiner und detailreicher. Aus all diesen kleinen Zwischenschritten nähern wir uns allmählich einer fertigen Permakulturgestaltung an, die bereit ist zur Umsetzung. Der Begriff *fertig* ist in diesem Zusammenhang aber relativ zu sehen. Ein fertiges Konzept ist immer ein Abbild der Situation zu Beginn eines Projektes. Geht es an die Umsetzung, werden sich immer wieder kleine Veränderungen ergeben, da mit lebendigen Prozessen gearbeitet wird, die einem natürlichen Wandel unterliegen. Von der Etablierung zu Beginn über die Begleitung bis zum Reifestadium und der dauerhaften Erhaltung werden immer wieder Anpassungen notwendig sein.

In diesem Kapitel haben wir Permakultur zur Gestaltung eines Gartens kennengelernt. Die Herangehensweisen können aber auch zur Gestaltung vieler weiterer Lebensbereiche herangezogen werden. Von der Zielsetzung und rechtlichen Grundlagen, der Analyse von verfügbaren Ressourcen und relevanten äußeren Einflüssen über die Anordnung von Elementen nach Energieaufwand, deren Verknüpfungen und Verschachtelung untereinander und das Miteinbeziehen von Mustern bis zur fertigen Gestaltung kann dieses System in vielfältiger Weise eingesetzt werden. Bei jeder Entscheidungsfindung während der Gestaltungsarbeit helfen uns die drei Grundwerte dabei, verantwortungsvoll und kooperativ zu agieren.

Eine fertige Permakulturgestaltung ist ein großer Meilenstein. Es braucht Verständnis und Überblick, um die verschiedenen Einflüsse, Elemente, Anforderungen und Ziele in eine kompakte und effiziente Gestaltung zu packen. Dieser Vorgang mag das erste Mal vielleicht einige Hürden mit sich bringen, sobald die Gedankenmuster und Herangehensweisen aber integriert wurden, wird sich immer mehr eine gewisse Selbstverständlichkeit und ein intuitives Gespür entwickeln. Mit einem ausgereiften Konzept kann die Umsetzung beginnen.

Einen Baum pflanzen

Einen Baum zu pflanzen kann ein wundervoller Start für die Umsetzung einer Gartengestaltung sein. Ein Baum sorgt für Beständigkeit, ist ein Treffpunkt für eine Vielzahl an Lebewesen, spendet Schatten, beschenkt uns mit Früchten und sorgt als zweiter Teil unserer Lunge für Sauerstoff in der Luft. Wir atmen ein, was der Baum ausatmet, und der Baum atmet ein, was wir ausatmen.

Ein Baum zeigt uns, wie verbunden wir mit der Natur um uns herum sind, eingebettet in dieses vielfältige Geflecht an Leben.

Unter einem gepflanzten Baum werden vielleicht noch die eigenen Enkelkinder den Schatten im Sommer genießen. Pflanzen wir einen Baum also so, wie wir alle anderen Tätigkeiten als Permakulturgestalter und -gestalterinnen auch tun – mit Achtsamkeit und Verständnis.

Der beste Zeitpunkt im Jahr einen Baum zu pflanzen ist im Frühling oder Spätherbst, in den Monaten rund um den März und November.

Pflanzt man einen Baum im **Herbst**, hat dies im Vergleich zum Frühjahr den Vorteil, dass der Baum während des gesamten Winters seine ganze Aufmerksamkeit auf das Wurzelwachstum richten kann. Das hat damit zu tun, dass ein Baum all die Kraft seiner Blätter im Herbst in seine Wurzeln leitet, bevor er sie fallen lässt.

Aber auch der **Frühling** ist als Pflanzzeit geeignet, vor allem wenn es sich um wärmebedürftigere Obstsorten handelt. Damit ein Baum an seinem neuen Standort gut wachsen kann, hilft ihm ein pilzdominierter Boden. Recht selten jedoch ist dieser bei der Pflanzung bereits vorhanden – es sei denn, der Boden wurde mit Pioniergehölzen vorbereitet. Ein Baum muss sich die Beschaffenheit des Bodens an seinem Standort also meist erst selbst zurechtrichten. Bei diesem Prozess können wir ihn unterstützen, indem wir ihn achtsam pflanzen.

Schritt für Schritt einen Baum pflanzen:

Ist der passende Standort definiert, wird zuerst das **Pflanzloch** gegraben. Dieses sollte etwas größer als der Wurzelballen sein. Die Seitenwände des Loches gräbt man dabei am besten so senkrecht wie möglich. So verhindert man, dass sich Regenwasser in den ersten Monaten wie durch einen Trichter direkt bei den Wurzeln sammelt.

Ist der Boden am Standort sehr hart, freut sich der junge Baum über etwas Tiefenlockerung. Wird ein wurzelnackter Baum gepflanzt, achtet man darauf, dass alle Wurzeln gut im Pflanzloch Platz haben, ohne sie zu stark zu verbiegen. Zusätzlich werden die Wurzeln bei wurzelnackten Bäumen leicht gekürzt, um das **Wurzelwachstum** anzuregen. Bevor man nun allerdings den Baum ins Pflanzloch setzt, wird zuerst ein **Stützpflock** eingeschlagen. Diesen platziert man am besten auf der Seite zur Hauptwindrichtung, also nordwestlich des Stammes. Erst nach dem Einschlagen des Stützpflocks wird der Baum ins Loch gesetzt. Auf diese Weise stellt man sicher, dass keine Wurzeln des jungen Baumes gefährdet werden.

Nun hebt man den Baum vorsichtig ins Pflanzloch. Handelt es sich um einen veredelten Baum, richtet man ihn so aus, dass die Veredelungsstelle von der Hauptwindrichtung abgewendet und etwa 15 Zentimeter über dem Bodenniveau ist. Das Pflanzloch wird daraufhin mit der Erde aufgefüllt, die zuvor ausgegraben wurde. Nun bekommt der Baum eine ordentliche Menge **Wasser**. Das dient zum Einschwämmen seiner Wurzeln, sodass diese sich gut mit dem umliegenden Boden verbinden können. Um das Graswachstum rund um den Baum einzudämmen, können wir im nächsten Schritt eine Schicht **Karton** rund um den Baumstamm verteilen. Diese wässert man etwas ein, damit sich der Karton besser ans Gelände anpasst. Darauf bringen wir eine etwa drei bis fünf Zentimeter dicke Schicht **Kompost** auf und zum Abschluss eine etwa zehn Zentimeter dicke Schicht **Holzhackschnitzel**. Mit diesem Aufbau wird das Bodenleben angeregt und die Holzhackschnitzel sorgen schnell für mehr Pilzgeflecht im Boden. Zum Abschluss wird der Baum noch am Stützpflock angebunden.

Wege zu einem neuen Miteinander

Nie zuvor war das Überleben auf der Erde für uns Menschen so einfach. Für so vieles ist gesorgt – Nahrung, Wasser, Wärme, Stromversorgung, Infrastruktur und vieles mehr –, wir müssen für kaum eines unserer Bedürfnisse mehr unmittelbar selbst sorgen. Unser Streben nach Sicherheit, Fortschritt und Komfort bringt die Ökosysteme und die lebendige Natur auf der Erde jedoch an ihre Grenzen.

Das Miteinander mit der Natur ist auf der Suche nach Mehr verloren gegangen. Das können wir ändern. Die Herangehensweisen von Permakultur sind uns dafür ein wertvoller Helfer. Sobald Verknüpfung statt Trennung, Vielfalt statt Einfalt und Kooperation statt Konkurrenz in unsere Köpfe und Herzen finden, werden sich neue Wege finden lassen.

Permakultur beginnt meist in unseren Gärten, ihr volles Potenzial entfaltet sie aber erst, wenn sie auch in andere Bereiche miteinfließen darf. Beginnen wir also, Permakultur über unsere Gartenzäune und Hecken hinauszudenken.

Ein Wandel in der Landwirtschaft

Noch vor etwas mehr als 70 Jahren versorgte ein Landwirt etwa zehn Menschen mit Nahrungsmitteln. Hat man etwas Erfahrung beim Gärtnern, kann man sich gut vorstellen, dass das ein gesundes Verhältnis ist: Ein Mensch baut das Essen für zehn weitere an. Das ist machbar und ohne Qualitätseinbußen umsetzbar.

Heute, 70 Jahre später, versorgt ein Landwirt oft mehr als 100 Menschen und darüber hinaus. Es ist kaum vorstellbar, dass ein einzelner Mensch für die Essensproduktion so vieler Menschen verantwortlich ist. Dieser Kraftakt lässt sich nur mit großen Maschinen, Automatisierung und Kompromissen bei Qualität und Umweltverträglichkeit bewältigen.

Einem Landwirt oder einer Landwirtin sind oft die Hände gebunden, wenn riesige Mengen produziert werden müssen und dann auch noch viel zu wenig für den Ertrag gezahlt wird. Die meisten Landwirte können ihre Betriebe auch nur mehr mit staatlichen Subventionierungen aufrechterhalten. Das ist ein Kernproblem der aktuellen landwirtschaftlichen Situation.

Viel zu wenige Menschen wollen sich in den Prozess der Nahrungsmittelproduktion involvieren. Die Erzeugnisse müssen meist für viel zu wenig Geld an Zwischenhändler wie Supermarktketten verkauft werden, die den Großteil der Gewinnspanne für sich beanspruchen – ein Kreislauf, von dem nur ganz wenige Menschen profitieren. Übrig bleiben überarbeitete Landwirte, Bodenzerstörung, ein Schrumpfen der Artenvielfalt und Qualitätseinbußen bei den Produkten. Es ist an der Zeit, dass sich diese Abwärtsspirale umdreht. Der Weg zu einer Landwirtschaft mit positivem Abdruck in der Landschaft führt zurück zu kleineren Strukturen, mehr Diversität bei der Kultivierung von Nahrungsmitteln und der Integration von großen Waldbeständen, welche die landwirtschaftlich genutzten Flächen durchbrechen. Nur wenn wieder ein Großteil der Landschaft bewaldet ist, sind stabile Fruchtbarkeitszyklen und Wasserkreisläufe sowie vielfältiges Leben in der Landschaft dauerhaft möglich.

Außerdem ist es in diesem Zusammenhang notwendig, dass sich der Konsum von Tierprodukten reduziert. Denn am Großteil der weltweit landwirtschaftlich genutzten Flächen werden derzeit Futtermittel für die Nutztierhaltung produziert und keine Nahrung für den Direktverzehr von uns Menschen. Damit wieder Flächen für mehr Wälder in der Landschaft frei werden, muss neben einem sorgsameren Umgang beim allgemeinen Flächenverbrauch auch der Verzehr von Tierprodukten geringer werden.

Dies ist ohnehin überfällig, da selbst die derzeit landwirtschaftlich genutzten Flächen nicht ausreichen, um den Futtermittelbedarf in der Nutztierhaltung zur Gänze zu decken. Die meisten westlichen Länder sind aufgrund von Flächenknappheit bei der Futtermittelproduktion

Ein Wandel in der Landwirtschaft hat auch großes Potenzial den Klimawandel auszubremsen oder sogar umzukehren. Denn der größte uns zur Verfügung stehende CO_2 – Speicher ist der Boden. Kein anderes Tätigkeitsfeld von uns Menschen kann so viel moderierenden Einfluss auf das immer wärmer werdende Klima nehmen wie die Land- und Forstwirtschaft.

bereits auf Importe von Soja aus aller Welt angewiesen – vor allem aus Brasilien, wo für diesen Futtermittelanbau der Regenwald abgeholzt wird. Erst wenn ein Wandel in den Essgewohnheiten stattfindet, kann ein nachhaltiger Wandel auch in der Landwirtschaft stattfinden.

Die Reduktion von Tierprodukten am Speiseplan bedeutet aber nicht, dass es uns Menschen an etwas fehlen wird. Ganz im Gegenteil, es wird Platz für mehr Diversität und hochwertige, nährstoffreiche Lebensmittel auf unseren Tellern, die aus einer regionalen und vielfältigen Landwirtschaft stammen. Am Weg zu einer neuen Landwirtschaft kann Permakultur eine große Hilfe sein. Denn genauso wie ein Garten nach Permakulturprinzipien geplant und bewirtschaftet werden kann, ist das auch im großen Maßstab möglich.

Die Flächen werden ebenso nach Sonne, Wind, Regen und dem vorherrschenden Klima gestaltet und Wassersysteme sowie eine bunte Pflanzenvielfalt integriert. Auch Elemente aus der Forstwirtschaft werden miteingebunden. Wird der nordwestliche Teil eines Feldes mit einem diversen Wald als Windschutz und Sonnenfalle ausgepflanzt, werden die Kulturen im Feld stressfreier wachsen. Der Wald sorgt für Stabilität, wirkt positiv auf den Wasserkreislauf, bringt Nützlinge aufs Feld und produziert wertvolles Holz. Wird die Fläche zusätzlich mit Wasserspeichersystemen wie Sickergräben ausgestattet, reduziert sich der Einfluss von Trockenperioden auf die Kulturen im Feld. Auf den Hügeln der Sickergräben können Obstbäume die Vielfalt weiter vergrößern.

Für dauerhaft gesunde Böden sorgt der Einsatz von Gründüngung in Kombination mit bodenschonenden Bewirtschaftungstechniken. Und leben Nutztiere anstatt im Stall wieder zu großen Teilen draußen auf den Wiesen und Weiden kann mit durchdachten Rotationssystemen ein weiterer wertvoller Beitrag zur Fruchtbarkeitserhaltung einer Landschaft geleistet werden.

> Den einzigen Unterschied bei der Gestaltung eines Gartens und einer landwirtschaftlichen Fläche nach den Prinzipien der Permakultur stellt die Größe der bewirtschafteten Fläche dar.

Das Resultat ist eine Landschaft, deren Formen und Prägungen sich in einer Vielzahl an Gärten und Feldern widerspiegeln. So entsteht eine sehr sensible Form der Landnutzung, welche Böden verbessert und aufbaut, Fruchtbarkeit vermehrt und ein diverses Leben in der Landschaft ermöglicht.

Vielfältige Regionen

In den letzten Jahrzehnten wurden unzählige Gesetze und Verordnungen erlassen, um verschiedenste Lebensbereiche, Wirtschaft und Landwirtschaft zu vereinheitlichen und zu zentralisieren. Das ist in manchen Fällen sinnvoll, um Produkte oder Leistungen vergleichbar zu machen oder Unternehmen den Handel zu erleichtern. Es ignoriert aber oft, dass jede Region ihr eigenes Klima, ihre eigene landschaftliche Prägung und ihre individuellen Bewohner hat. So bringt Zentralisierung vor allem Handlungsunfähigkeit auf regionaler Ebene und lange Transport- und Arbeitswege im Wirtschaftsbereich mit sich.

Legt zum Beispiel ein Unternehmen viele kleine Standorte auf einen großen zusammen, bringt das zwar zum einen eine einfachere Struktur innerhalb des Unternehmens mit sich, zum anderen aber längere Arbeits- und Transportwege für die Mitarbeiter als auch für die Auslieferung von Waren. Diese derzeitige Entwicklung funktioniert nur, weil der Transport von Waren in den letzten Jahrzehnten so unkompliziert und günstig wurde. Der günstige Transport ist aber ein Hauptgrund dafür, dass der Verkehr und die damit einhergehenden Umweltbelastungen immer mehr werden und regionale Wertschöpfung und Arbeitsplätze verloren gehen.

Bewohner von ländlichen Regionen sind deshalb dazu verleitet, ihre Heimat in Richtung einer größeren Stadt zu verlassen, da die Zukunftsperspektiven am Land weniger werden. Weil moderne Städte aber meist ohnehin bereits wenig nachhaltige Systeme sind, die auf Ressourcen von außerhalb angewiesen sind, und weder den eigenen Nahrungsmittel- und Energiebedarf decken können noch ausreichend Grünflächen und bewaldete Gebiete in die Stadtplanung miteinbeziehen, verstärkt der ständige Zuzug vom Land diese Problematik weiter. Moderne Städte zeigen die Folgen von zu großer Zentralisierung sehr klar auf: Zu vieles wird auf eine sehr kleine Fläche konzentriert, und das führt meist zu Chaos und ineffizienten Strukturen. In ländlichen Regionen wiederum führt zu wenig Interaktion und Verknüpfung auf sehr großer Fläche aber ebenso zu Problemen und Ineffizienz.

Beide Extreme verstärken sich hier gegenseitig.

Auch in diesem Zusammenhang sind wir also wieder auf der Suche nach Gleichgewicht. Und dieses Gleichgewicht finden wir in vielfältigen Regionen, die groß genug und ausreichend miteinander verknüpft sind, um effizient zu sein, aber klein genug, damit Transportwege kurz bleiben und sich somit auch Arbeitsplätze wieder näher zu den Wohnorten der Menschen einfinden.

In weiterer Folge können in solchen Regionen verschiedenste gemeinnützige Einrichtungen etabliert werden, die auf die Bedürfnisse und Anforderungen einer Region abgestimmt sind: von kleinen Samengärtnereien und Baumschulen, die regional angepasste Sorten züchten, über gemeinschaftlich genutzte Verarbeitungsanlagen für die Erzeugnisse aus der Region und dem Verleih von Geräten und Werkzeug bis zu Gemeinschaftsgärten und vielem mehr.

So kann jede Region ihre eigenen Stärken fördern und individuell auf Bedürfnisse reagieren. Es entstehen in sich geschlossene Regionen, die sich zu einem Großteil selbst mit Nahrung, Wasser, Wärme und Energie versorgen können. Die Planung von Straßen und Gebäuden, die Aufteilung von landwirtschaftlich genutzten Flächen und vieles mehr können auf die Gegebenheiten vor Ort angepasst und in regionale Wasser- und Energiekonzepte miteingebunden werden. Auch wandernden Tieren wird somit ein leichteres Durchqueren der Landschaft ermöglicht.

Zwischen den verschiedenen Regionen werden Überschüsse und Produkte fair verteilt und gehandelt. Ein Netzwerk an vielfältigen Regionen entsteht. Eine Struktur an vielen kleinen Regionen bedeutet aber nicht, als Nationen wieder weiter auseinanderzurücken. Im Gegenteil, das Ziel ist nicht mehr Trennung, sondern viel mehr Verknüpfung, Gleichgewicht und die Achtung von individuellen Bedürfnissen.

Faires Geld

Lebt man als Mensch in einer modernen Gesellschaft, spielt Geld unweigerlich eine große Rolle in der Lebensgestaltung. Wohnen, Heizen, Essen, Trinken und vieles mehr – alles kostet etwas, denn um die Erfüllung dieser Bedürfnisse kümmert sich schließlich jemand anders, der für diese Leistung bezahlt werden möchte. Man ist also dazu gezwungen, selbst Geld zu besitzen, um Teil der Gesellschaft zu sein. Das dafür benötigte Geld muss allerdings erst verdient werden. Und dafür müssen wir wiederum unsere Lebensenergie einsetzen, um einer Arbeit nachzugehen, die einen kontinuierlichen Geldfluss für uns kreiert. Ganz gleich, ob diese Arbeit zur persönlichen Entwicklung und dem eigenen Lebensweg passt oder nicht.

Das war nicht immer so, denn ursprünglich sollte Geld nur den Tauschhandel erleichtern. Geld hatte also einen ganz speziellen Nutzen, es war ein Mittel zum Zweck des Handelns mit Waren. Anfangs hatte es meist auch noch einen echten, im alltäglichen Leben brauchbaren Wert. Muscheln, Kakao oder Reis – je nachdem, welche Ware von einem Volk als Zahlungsmittel anerkannt war, konnte dafür verwendet werden. Erst mit der Zeit lösten Münzen und Papierscheine diese Art der Währung ab. Das hatte viele Vorteile und löste Probleme beim Handel mit Waren. Die Ursache, warum jedoch das heutige Geldsystem Ungerechtigkeiten und Konflikte fördert, ist die Geldschöpfung durch Schulden und das Zinssystem, das sich nach der Einführung von Münzen und Papiergeld entwickelt hat.

Beantragt eine Person einen Kredit bei einer Bank, wird bei diesem Prozess Geld *erschaffen* – diese Person hat nun Geld zur Verfügung, das vorher nicht existiert hat, dafür aber nun Schulden bei der Bank. Das heißt, dass für jedes vorhandene Guthaben auch die gleiche Menge an Schulden an anderer Stelle im Finanzsystem vorhanden ist. Für jede grüne Zahl, die jemand am Konto stehen hat, gibt es also irgendwo eine gleich hohe rote Zahl. Mit dem derzeitigen System ist Wohlstand für alle Menschen somit nie möglich gewesen.

Es gibt zwar genügend Essen für alle Menschen auf dieser Welt, jedoch hat immer jemand Schulden, der sich dieses Essen nicht leisten kann. Das Finanzsystem trägt einen großen Beitrag zu Armut, Hungersnöten und den daraus entstehenden Konflikten bei.

Verstärkt wird dieser Effekt zusätzlich durch Zinsen. Denn eine Bank verlangt für die Vergabe von Krediten Zinsen. Man muss bei einem Kredit mit Zinsen somit dafür sorgen mehr Geld zu erwirtschaften, als man sich geliehen hat, um den Betrag zurückzahlen zu können. Das hat zur Folge, dass auf der einen Seite Menschen mit finanziellem Geschick diese Kredite zurückzahlen können und deren Vermögen immer mehr wird und auf der anderen Seite die restlichen Menschen immer ärmer werden.

Um die Verarmung der Bevölkerung abzufedern, übernehmen im derzeitigen System die Staaten einen Großteil der Schulden. Deshalb wächst die Verschuldung von Ländern weltweit immer weiter, um die Einwohner des Landes vor Verschuldung zu bewahren. Auch diese Dynamik ist systembedingt und sorgt zudem dafür, dass unser Wirtschaftssystem ständig wachsen muss. Nur durch das stetige Wachstum können die immer größer werdenden Schulden getilgt und ein Zusammenbruch des Finanzsystems verhindert werden. Da die Ressourcen auf der Erde aber begrenzt sind, ist ein System, dass nur funktioniert, wenn es ununterbrochen wächst, von Vornherein zum Scheitern verurteilt.

Wie wir sehen, sind gravierende Fehler im derzeitigen Finanzsystem vorhanden, die ein friedliches und würdiges Leben für jeden Menschen bereits im Ansatz unmöglich machen. Durch dieses System wurde zudem finanzieller Reichtum zum höchsten Gut, da ohne Geld wenig bis gar kein Handlungsspielraum in modernen Gesellschaften besteht.

Sogar das Wohl einer Nation wird heutzutage am finanziellen Besitz gemessen, anstatt es an der tatsächlichen Lebensqualität der Menschen und dem Zustand der vorherrschenden Natur zu messen. Geld, wie wir es heute kennen, ist aber nur ein Aspekt von Kapital.

Auch Wissen, Erfahrungen, Freundschaft, Kultur, gesunder Boden, Pflanzen und sauberes Wasser sind Teil des Kapitals, über das ein Mensch verfügen kann.

Geld an sich ist nun aber nichts Schlechtes, es sind Systemfehler, die Missachtung von Naturgesetzen und die menschliche Gier und Maßlosigkeit, die für viele Ungerechtigkeiten und Verteilungsprobleme verantwortlich sind.

Was können wir also verändern?

Ein Blick in die Natur kann uns auch hier neue Sichtweisen eröffnen. Die vielfältigen Ökosysteme auf der Erde zeigen uns, dass Gleichgewicht und lebensfreundliche Bedingungen vor allem durch den individuellen Beitrag jedes einzelnen Elements und gegenseitige Unterstützung entstehen. Zudem wird Fruchtbarkeit – die *Währung* der Natur – von allen Elementen gemeinsam erschaffen und ständig im Kreis geführt. Ein Teil der Fruchtbarkeit wandert dabei immer wieder zum nächsten Ökosystem weiter oder geht durch Umwelteinflüsse wie Extremwetterereignisse verloren.

Der natürliche Kreislauf von Erschaffen, Leben und Vergehen zeigt sich. Diesem fundamentalen Kreislauf ist jedes Element in diesem Universum unterworfen. Jedes Lebewesen, jede Pflanze, jeder Planet und jeder Stern entsteht durch ein Ereignis, existiert über eine Zeitspanne, zerfällt letzten Endes wieder und ermöglicht so die Entstehung von etwas Neuem.

Dieser Kreislauf sollte deshalb auch das Fundament für das Geldsystem sein, um es harmonisch in die natürlichen Prozesse einzubetten. Ein solches Geldsystem lässt Geld dann nicht mehr durch Schulden, sondern zum Beispiel durch den individuellen Beitrag jedes Einzelnen in der Gesellschaft entstehen. Jeder Mensch kann etwas zu einer gedeihenden Gesellschaft beitragen und erhält im Gegenzug Geld dafür, ohne dass dabei Schulden entstehen. Um dafür zu sorgen, dass das Geld nicht wie im derzeitigen Geldsystem endlos mehr wird, wird die Geldmenge durch eine Vergänglichkeit regelmäßig im Verhältnis zur Geldschöpfung weniger. Ein ausgeglichener Kreislauf von Geldschöpfung, der Verwendung und der Vergänglichkeit des Geldes entsteht.

Erst wenn ein grundlegender Systemwechsel mit Maßnahmen wie diesen erfolgt, sind die Voraussetzungen für das Wohlergehen von allen Menschen und der lebendigen Natur gegeben. Den Großteil unserer Lebensenergie können wir dann wieder in Tätigkeiten stecken, die zur Erhaltung der tatsächlichen Lebensgrundlagen beitragen und uns Erfüllung auf allen Ebenen des Menschseins schenken, anstatt Geld verdienen zu müssen, um tägliche Bedürfnisse durch Konsum stillen zu können. Mit einem an die Naturgesetze angepassten Geldsystem kann Geld wieder zu dem werden, wofür es ursprünglich gedacht war: ein nützliches Werkzeug für fairen Handel, der bereichernd für das Leben auf der Erde ist.

Kostbare Ressourcen

Alle Ressourcen auf der Erde sind nur begrenzt vorhanden. Deshalb ist es wichtig, mit diesen verantwortungsvoll umzugehen. Auch in diesem Zusammenhang können wir uns die Natur zum Vorbild nehmen.

Denn die Natur kennt keinen Müll.

Jedes Blatt, jeder Ast und jede Ausscheidung eines Tiers wird im vielfältigen Kreislauf des Lebens wiederverwertet. Und alle Nährstoffe werden so verbaut, damit sie möglichst lange von Nutzen sind. Auch das Sammeln und Speichern von Ressourcen und Energie hat in Ökosystemen einen hohen Stellenwert. Der Boden versucht Wasser möglichst lange zu speichern und die Kronen der Bäume fangen jeden nur erreichbaren Sonnenstrahl ein. Durch diese Eigenschaften ist es der Natur möglich, Energieüberschüsse zu produzieren und für immer mehr Fruchtbarkeit und Fülle zu sorgen. Wir Menschen dürfen von diesem sorgsamen Umgang der Natur mit Ressourcen und Energie noch vieles lernen. Denn in fast allen Lebensbereichen benötigen wir immer wieder neue Ressourcen, um unsere Bedürfnisse zu stillen.

Das hängt damit zusammen, dass viele Dinge produziert und verwendet werden, ohne über deren Wiederverwertbarkeit oder Möglichkeiten zur Reparatur nachzudenken. Oder sie sind von Beginn an so konzipiert, dass sie nur ein Mal zu verwenden sind, so wie es bei vielen Verpackungen der Fall ist. Die unglaublichen Mengen an Abfall, die die Menschheit derzeit produziert, gefährden sämtliche Ökosysteme auf der Erde, ganz besonders aber die Ozeane, da der Großteil des Abfalls über Flüsse dorthin transportiert wird. Deshalb müssen wir sicherstellen, dass jedes neue Produkt im besten Fall wiederverwendbar ist und möglichst lange eingesetzt werden kann oder generell hinterfragt wird, ob ein bestimmtes Produkt überhaupt produziert werden sollte und wirklich gebraucht wird. Bei der Konzeptionierung von Produkten muss über die Möglichkeiten zur Reparatur oder zum Recycling nachgedacht werden.

Jeder Bereich sollte dabei miteinbezogen werden – von Verpackungen über Mobiltelefone bis zu den verwendeten Materialien beim Bau von Gebäuden und der Schaffung und Erhaltung von Infrastruktur.

Auch in den verwendeten Systemen innerhalb eines Gebäudes sollten diese Herangehensweisen Anwendung finden. Anstatt Grauwasser in zentralisierte Kanalsysteme zu leiten, kann das Abwasser mithilfe einer Pflanzenkläranlage wieder so aufbereitet werden, dass es im Garten zur Bewässerung von Pflanzen eingesetzt werden kann. Über eine Fotovoltaikanlage kann der Strombedarf gedeckt werden und Überschüsse werden ins lokale Stromnetz eingeleitet und mit anderen geteilt.

Harmonische Architektur

Das Erscheinungsbild einer Landschaft wird neben Hügeln, Bergen, Flüssen und Feldern auch maßgeblich von den gebauten Strukturen geprägt. Die regionale Architektur hat entscheidenden Einfluss darauf, ob eine Landschaft einladend und freundlich wirkt. Besonderes Augenmerk kommt der Größe eines Gebäudes zu. Je höher und größer ein Gebäude, desto weniger vermittelt es ein Gefühl von Gemütlichkeit, Geborgenheit und Schutz, je kleiner und kompakter, desto harmonischer fügt es sich in die Umgebung ein. Bis vor wenigen Jahrhunderten waren Gebäude ganz natürlich von den vorhandenen Baustoffen in ihrer Höhe begrenzt. Holz, Stein und Lehm sind keine Materialien, aus denen Wolkenkratzer gebaut werden können.

Erst mit der Erfindung von Stahlbeton wurde es möglich, Gebäude zu bauen, die nach oben hin keine Grenzen mehr kennen. In manchen Regionen der Welt gibt es deswegen Vorschriften, welche die maximale Gebäudehöhe beschränken, um das Erscheinungsbild der Landschaft mit neuen Gebäuden weniger stark zu verändern. Neben der Größe entscheiden auch die Form und Farbe darüber, ob sich ein Gebäude harmonisch in seine Umgebung einfügt. Dadurch dass jedes Element in der Natur ein rundes oder kurvenreiches Erscheinungsbild hat, fügen sich auch Gebäude mit Schwüngen und Winkeln natürlicher ins Landschaftsbild ein. Je geradliniger und simpler die Gebäudeform gewählt wird, desto mehr Trennung zur Umgebung wird erzeugt. Ebenso verhält es sich mit den Farben eines Gebäudes: Farben, die sich auch in der natürlichen Umgebung wiederfinden, wie verschiedene Grün-, Braun-, Beige-, Gelb-, Orange- oder Rottöne sorgen für Freundlichkeit und Wärme, grelle und sehr dunkle Farben hingegen für Trennung und Distanz.

Wird die Form eines Gebäudes nicht nur von dessen individuellen Anforderungen, sondern zudem auch von den lokalen klimatischen Einflüssen und den Einfallswinkeln der Sonne bestimmt, entsteht eine besonders harmonische Geometrie.

Holz ist ein nachwachsender, vielseitig einsetzbarer Baustoff. Im Gegensatz zu vielen anderen modernen Baumaterialien stellt zudem die Entsorgung kein Problem für die Umwelt dar. In Wohnräumen sorgt Holz für ein gesundes Raumklima.

Die Südwand eines Wohnhauses kann zum Beispiel so geplant werden, dass im Winter jeder Sonnenstrahl der tief stehenden Sonne die Wohnräume erreicht. Damit im Sommer die Räume nicht überhitzen, wird der Dachvorsprung so gewählt, dass nur wenig Licht und Wärme der hochstehenden Sommersonne ins Gebäudeinnere gelangt.

Wie bei einem Garten entsteht aus vielen kleinen Verknüpfungen eine funktionale und ästhetisch ansprechende Gestaltung. Zusätzlich zur Geometrie eines Gebäudes haben auch die verwendeten Materialien Einfluss auf das Erscheinungsbild.

Während Beton und große Glasflächen im Allgemeinen eher kühl erscheinen, verstärken Materialien wie Holz und Lehm Qualitäten von Gemütlichkeit und Wärme. Die verwendeten Materialien haben auch großen Einfluss auf ein gesundes Raumklima. Werden anstatt von Zementputzen und Böden aus Kunststoff Lehm- und Kalkputze sowie Holzböden verbaut, wirkt sich das äußerst positiv auf das Raumklima aus. Das hat unter anderem mit der Aufnahmekapazität von Feuchtigkeit dieser Materialien zu tun. Holz, Lehm und Kalk können viel Feuchtigkeit aufnehmen und wieder abgeben und moderieren dadurch die Luftfeuchtigkeit innerhalb eines Gebäudes.

Materialien wie Beton und Kunststoff sind nun aber keine unnützen oder gar schlechten Baustoffe. Auch diese Materialien haben ihr Einsatzgebiet. Sie sollten aber nur dort Einsatz finden, wo sie auch wirklich gebraucht werden. Vor allem Beton wird heute in viel zu hohem Ausmaß verwendet. Die Herstellung ist nicht nur energieintensiv, sondern benötigt auch große Mengen an Sand. Man könnte zwar meinen, Sand wäre ein Rohstoff, der in Unmengen vorhanden ist, jedoch wird zur Herstellung von Beton ein von Wasser geformter, kantiger Sand benötigt. Der vom Wind rund geschliffene Wüstensand ist dafür ungeeignet.

Das hat zur Folge, dass mittlerweile ganze Inseln im Ozean und viele Küstengebiete wegen illegalen Sandabbaus verschwinden. Fehlen jedoch schützende Barrieren wie Sandstrände zwischen Meer und Land, beginnen die Wellen des Meeres die angrenzenden Landmassen abzutragen und auszuschwemmen. Die Folgen für die lokale Natur und deren Bewohner sind verheerend.

Muss also ein ganzes Gebäude aus Stahlbeton gebaut werden, weil es statisch keine anderen Möglichkeiten gibt, sollte besser die Form und Größe noch einmal überdacht werden. Sobald auch unsere Gebäude in die Landschaftsgestaltung miteingebunden werden, wird das in der gesamten Umgebung spürbar sein.

Neugierige Kinder

Eine Landschaft voller harmonisch gestalteter Wohlfühlorte tut nicht nur uns Erwachsenen, sondern vor allem auch unseren Kindern gut. Kreativität, Neugier und Lebensfreude finden ganz natürlich Ausdruck, wenn die Umgebung zum Entdecken und Spaßhaben einlädt.

Kein Kind muss zum Lernen gedrängt werden, wenn sich ständiges Lernen und das Erforschen der Welt spannend anfühlt.

Deshalb ist es von großer Bedeutung, mehr Natur, Bäume, Gärten, Tiere, Handwerk und Möglichkeiten zur individuellen Entfaltung in Schulen und Kinderbetreuungseinrichtungen miteinzubinden. Sind Kinder von klein auf mit diversen und intakten Lebensräumen umgeben, die zum Spielen, Erkunden, Bewegen, Naschen und Wohlfühlen einladen, lernen sie schon ganz früh mit Freude und Rücksicht mit ihrer Umgebung in Kontakt zu treten.

Wer schon als Kind sämtliche Beeren und Früchte am liebsten frisch vom Strauch genascht hat, wird auch in späteren Jahren viel eher das natürliche Bedürfnis nach frischen Lebensmitteln haben. Und wer ganz selbstverständlich mit einer Vielzahl an Bäumen und Pflanzen aufwächst, spürt schon früh, warum es wichtig ist, Bäume zu schützen, und wie sehr sich eine Umgebung durch die Anwesenheit von Bäumen als Schattenspender, Nahrungsquelle und Lebensraum verändert.

Alles, was sein stabiles und gesundes Fundament schon in der Kindheit findet, muss im Erwachsenenalter nicht mühsam aufgebaut und etabliert werden. Kommt ein Kind in die Schule, soll sich das spielerische Lernen in einem lebensfreundlichen Umfeld nahtlos fortsetzen. Werden Inhalte aus theoretischen Fächern immer mit praktischem Bezug gelehrt, wird das Wissen lebendig und erfahrbar.

So kann Mathematik zum Beispiel ganz einfach mit Gartenarbeit verbunden werden: Wie viele Schrauben werden zum Zusammenbau eines Hochbeets benötigt? Und wie viel Erde zum Befüllen? Wie konstruiert man einen rechten Winkel auf der Wiese? Und wenn eine Karotte zum Wachsen einen bestimmten Abstand zur nächsten Karotte braucht, wie viele Karotten haben dann insgesamt im Hochbeet Platz? Sind all diese Aufgaben und Rätsel gelöst, wird das geplante Hochbeet im Anschluss am besten auch tatsächlich gemeinsam gebaut. So können sich handwerkliche Fähigkeiten, die auch im Erwachsenenalter gebraucht werden, schon in jungen Jahren aufbauen.

Die meisten Fähigkeiten, die derzeit in modernen Schulsystemen gelehrt werden, haben häufig nur mehr wenig mit greifbarem Handwerk zu tun. Für eine stabile Gesellschaft braucht es aber wieder mehr Menschen, die selbstständig Tätigkeiten ausüben können, die gerade benötigt werden. Ganz gleich, ob es sich dabei ums Bauen oder Reparieren von Möbelstücken handelt, ums Backen vom eigenen Brot, ums Anlegen von Naturteichen und Errichten von Gebäuden oder ums Vorziehen und Pflegen von Jungpflanzen zur eigenen Essensversorgung. Wird das gebaute Hochbeet im vorigen Beispiel anschließend auch bepflanzt, kann die Entwicklung einer Pflanze vom Samen zur Frucht auch tatsächlich erfahrbar gemacht werden.

Solche Erfahrungen prägen sich tiefer ins Gedächtnis ein, als nur im Biologieunterricht vor einer Tafel, einem Bildschirm oder Blatt Papier von diesem Vorgang zu hören. Sobald Wissen fühlbar und anwendbar wird, gibt es keinen Grund mehr, das Wissen gleich nach drei Tagen wieder zu vergessen. So wird echte Kompetenz aufgebaut und Wissen nachhaltig integriert. Lern- und Begegnungsorte wie Schulen werden auf diese Weise wieder mit mehr Freude besucht und aus neugierigen Kindern können sich verantwortungsvolle, erwachsene Menschen entwickeln, die ihre eigenen Stärken und Fähigkeiten schon in frühen Jahren entdeckt und gefördert haben, ihr Leben aktiv gestalten und in Arbeitsfeldern tätig sind, die ihrer Berufung entsprechen.

Rhythmen der Natur

Wenn es eine Konstante in der Natur gibt, dann ist es ständige Veränderung und Wandel. In jedem Moment erfindet sich die Natur von Neuem. Diese Veränderungen passieren aber keineswegs willkürlich, sie folgen Zyklen und Kreisläufen, die sich immer wieder in unterschiedlichen Farben und Formen wiederholen. Diese unendlich vielen Zyklen und Kreisläufe geben dem Leben auf der Erde einen Rahmen und Struktur. Die Funktionsweise des Lebens gleicht also mehr einem Kreis als einer Linie. Wir Menschen handeln aber oft so, als wäre es umgekehrt. Als wäre das Leben eine gerade Reise von A nach B, anstatt eines dynamischen, spontanen Weges mit vielen Kurven.

In Mitteleuropa leben wir in einem sehr dynamischen Klima. Die vier Jahreszeiten sind eine der faszinierendsten Facetten der Natur. Dieser so schnelle Wandel fordert von der gesamten Tier- und Pflanzenwelt große Anpassungsfähigkeit, um überleben zu können. Das moderne menschliche Leben in Mitteleuropa ist hingegen deutlich linearer aufgebaut. Zu jeder Jahreszeit gibt es Essen im Supermarkt zu kaufen, Wasser zu trinken und warme Häuser. Die Versorgung mit Nahrung, Wasser, Wärme und Energie über das ganze Jahr ist eine riesige Errungenschaft, an die wir uns immer wieder erinnern und die wir dankbar fühlen dürfen.

Diese Beständigkeit in der Versorgung unserer Bedürfnisse macht es möglich, zu jeder Jahreszeit zu tun, was man will. Sei es auch im Winter bis spät in die Dunkelheit hinein zu arbeiten und in absoluter Fülle zu leben, selbst wenn draußen in der Natur vollständiger Stillstand und Mangel vorherrscht. Diese Beständigkeit ist aber auch ein Grund dafür, warum wir uns oft getrennt von der natürlichen Umgebung fühlen. Es ist fast schon so, als fände ein menschliches Leben in einer Parallelwelt statt. Denn je strukturierter und geradliniger wir unser Leben führen, desto weniger lebendig erfahren wir es. Lebendigkeit und ein Gefühl von Verbundenheit finden wir vor allem in unserer Fähigkeit zu Veränderung, Rhythmus und spontanem Ausdruck.

Wildobst und Wildkräuter waren für uns Menschen seit jeher eine der wichtigsten Nahrungsquellen. Es ist also kein Wunder, dass sie unserer Gesundheit und unserem Wohlbefinden so gut tun. Das achtsame Sammeln, Verarbeiten oder Konservieren bringt uns dazu, den Wandel in der Natur spürbar mitzuerleben.

Um den Wandel der Natur wieder spürbarer zu machen, können wir beginnen, unser Leben wieder mehr an die Rhythmen der Natur anzupassen und Veränderungen mitzugehen, anstatt ihnen auszuweichen.

All die wunderbaren Errungenschaften müssen wir dafür aber nicht aufgeben, sondern sie mehr in Einklang mit den vorherrschenden Bedingungen bringen. So kann bereits viel Veränderung spürbar sein, wenn saisonal gegessen wird. Ganz automatisch ist die Auswahl heimischer Lebensmittel im Winter begrenzt, hungern muss aber trotzdem niemand. Und auch unser Körper wird es schätzen, wenn wieder mehr Dynamik in unsere Essgewohnheiten einzieht. Wenn immer wieder saisonale Pausen beim Verzehr von manchen Lebensmitteln gemacht werden, tut das unserem Körper gut und auch wir freuen uns nach einiger Zeit, wenn ein Lebensmittel wieder Saison hat. Hat man einen eigenen Gemüsegarten, entsteht dieser saisonale Rhythmus von ganz alleine.

Aber auch das Sammeln von Wildkräutern und Wildobst bringt das eigene Leben in Einklang mit dem jährlichen Wandel. Vom ersten frischen Bärlauch im Frühling über die duftenden Holunderblüten im Sommer bis zu den leuchtend roten Hagebutten im Herbst lädt das Sammeln dieser Schätze zum Erleben der Jahreszeiten ein.

Neben den Essgewohnheiten können sich auch unsere Arbeitsgewohnheiten mit den Jahreszeiten ändern. Während im Sommer die Tage lang sind und zu viel Aktivität einladen, kann ein langsameres Durchschreiten der kalten Jahreszeit das Leben sehr bereichern. Wir tun es der Natur gleich: vom Erblühen und Erwachen im Frühling zum energiegeladenen Sommer bis zum erneuten Rückzug im Herbst und einer Zeit der Ruhe im Winter.

Je mehr wir diese Dynamiken miterleben, desto mehr Lebendigkeit und Verbundenheit werden wir erfahren und desto harmonischer werden sich unsere Handlungen in die Rhythmen der Natur einbetten.

Die Welt unverzerrt wahrnehmen

Wie wir im Laufe dieses Buches in vielen Facetten erfahren haben, erzählt jeder Bestandteil in der Natur etwas über unsere Umgebung und das Leben auf der Erde. Die einzige Voraussetzung dafür sind der richtige Blickwinkel und etwas Neugier. Je mehr wir dieses genaue Hinsehen in uns kultivieren, umso mehr werden wir erkennen und neue Verbindungen knüpfen. Das passiert meist nicht von heute auf morgen, sondern benötigt etwas Zeit, denn auch Beobachten will gelernt sein. Es ist eine Fähigkeit, mit der zwar jeder Mensch zur Welt kommt, den meisten von uns ist sie im Laufe des Erwachsenwerdens aber weitgehend abhandengekommen. Dabei ist es hilfreich, uns immer wieder selbst unter die Lupe zu nehmen, denn unser Verhalten ist ein Resultat aus den vielen Prägungen und Ereignissen, die jeder und jede im Laufe des Lebens erlebt. Unsere Umgebung und unser soziales Umfeld beeinflussen uns ebenso, wie Wind und Wasser die Form der Landschaft prägen. Genau diese vielen Verhaltensmuster und Prägungen erschweren es uns aber immer wieder, die Welt frei von Vorurteilen und mit einem unverzerrten Blick wahrzunehmen.

Erst wenn wir beginnen, auch Schnecken, Borkenkäfer und Disteln als Wegweiser und Geschichtenerzähler zu akzeptieren, können wir ihnen auch zuhören, ihr Dasein besser verstehen und Wege finden mit ihnen auszukommen. Tun wir das nicht, entwickeln sich meist wenig achtsame Vorgehensweisen, anstatt dass wir die Herausforderungen an der Wurzel packen.

Die Natur lädt uns jeden Tag aufs Neue dazu ein, zu beobachten und zu lernen. Und sie begegnet uns jedes Mal wieder mit offenen Armen, obwohl ihr das menschliche Verhalten derzeit enormen Schaden zufügt. Die Natur teilt uns Menschen nicht in Richtig und Falsch ein. Jedes Lebewesen ist bedingungslos willkommen und darf sich entfalten und erblühen. Sobald wir Menschen beginnen, wieder in mehr Harmonie mit der Natur zu leben, wird sie uns auf vielfältige Weise beschenken und bereichern. Mit jedem Schritt, den wir auf die Natur zugehen, wird sie uns viele Schritte mehr entgegenkommen.

Wir Menschen haben die Wahl.

Wir können in großem Ausmaß Schaden anrichten und durch unbedachtes Handeln voller Konkurrenz und Gier den gesamten Planeten zerstören, ebenso können wir mit Kooperation und Achtsamkeit aber auch das Element auf der Erde sein, das der Natur zu noch mehr Diversität und Fülle verhilft, als es ihr selbst möglich wäre. Es liegt an uns, den Weg des Miteinanders zu gehen, mit Weitsicht und einem offenen Ohr für die Natur, damit auch noch viele Generationen nach uns eine intakte Erde vorfinden, die vielfältigem Leben ein Zuhause ist.

Samen säen

Wir kennen nun die Strukturen und Herangehensweisen von achtsamer Permakulturgestaltung als Werkzeug, mit dem eine sensible Gestaltung der vielen Lebensbereiche geschehen kann. Wir dürfen uns aber auch im Klaren sein, dass jedes Werkzeug nur so gut funktioniert, wie es der Anwender oder die Anwenderin einzusetzen vermag. Die Welt, die wir in uns tragen und wie wir sie uns vorstellen, hat wesentlichen Einfluss darauf, wie wir Permakulturgestaltung einzusetzen vermögen. Die vorangegangenen Zeilen sollen dazu dienen, neue Wege in unserem Miteinander einzuschlagen. Und jeder Mensch ist eingeladen diese Zeilen mit seinen individuellen Lösungen zu ergänzen und weiter zu verfeinern.

Es ist nur möglich, Veränderungen einzuleiten, wenn viele bereit sind, diese mitzutragen. Und das beginnt damit, einen Samen zu säen. Nicht im Gemüsebeet, sondern in unseren Köpfen und Herzen. Wenn dieser Samen auf fruchtbaren Boden trifft und mit Licht, Wärme und Wasser versorgt wird, entwickelt sich schnell eine kräftige Pflanze daraus, der es möglich ist viele weitere Samen in ihrem Umfeld zu verteilen. Die Veränderung beginnt in dem Moment, in dem wir *Ja* dazu sagen.

Gehen wir gemeinsam voran und kreieren wir eine Welt voller Fülle und Vielfalt. Eine Welt, die Bestand hat.

Dank

Viele kleine Puzzlesteine müssen sich finden, damit ein Buch wie dieses entstehen kann.

Ein großer Dank geht an meine Lebensgefährtin Julia, die mich auf meinem Weg begleitet und mir bei all meinen Projekten unterstützend zur Seite steht. So manch ein Kapitelname ist ihrem Kopf entsprungen und unzählige Ergänzungen sowie ihr feines Gespür für Sprache machen dieses Buch zu dem, was es nun ist.

Ein weiterer Dank geht an meine Eltern, die mir vor einigen Jahren eine Fläche zur Verfügung gestellt haben, auf der ich vieles von meinem Wissen ausprobieren und verfeinern durfte. Der auf dieser Fläche entstandene Garten ist die Grundlage für viele Beobachtungen und Erkenntnisse, die sich in diesem Buch wiederfinden.

Ein Danke auch an meine Schwester Miriam für die Unterstützung beim Gestalten des Buchcovers.

Große Dankbarkeit empfinde ich auch für Geoff Lawton, der mich zum Permakulturgestalter ausgebildet hat. Sein heiteres Gemüt und seine umfangreiche Erfahrung haben die Zeit während meiner Ausbildung zur einer unvergesslichen Reise gemacht und mir alles mitgegeben, um mich selbst auf den Weg machen zu können.

Ein weiteres Dankeschön geht an Florian Böck, der mir beim Kapitel ***Faires Geld*** beratend zur Seite gestanden ist.

Und zu guter Letzt ein Dank an all jene Menschen, die es möglich machen, Bücher wie dieses zu drucken und zu veröffentlichen.

Einen herzlichen Dank an alle Mitarbeiter und Mitarbeiterinnen des Freya-Verlags für die kompetente und herzliche Begleitung bei der Entstehung dieses Buches.

Literaturverzeichnis

- Jacke, Dave und Toensmeier, Eric: Edible Forest Gardens Volume Two: Design and Practice. Ecological Design and Practice for Temperate Climate Permaculture. 1. Auflage, Chelsea Green Publishing, Vermont (2005)
- Hecker, Katrin und Frank: Heilsame Wildpflanzen. Im Rhythmus der 10 Jahreszeiten sammeln und anwenden. 1. Auflage, Haupt Verlag, Bern (2019)
- Lorenz-Ladener, Claudia: Naturkeller. Neubau und Umbau von Räumen zur Frischlagerung von Obst und Gemüse. 16. Auflage, ökobuch Verlag, Staufen bei Freiburg (2018)
- Lorenz-Ladener, Claudia: Kleine grüne Archen. Passivsolare (Erd-) Gewächshauser selbst gebaut. 4. Auflage, ökobuch Verlag, Staufen bei Freiburg (2017)
- Minke, Gernot: Handbuch Lehmbau. Baustoffkunde, Techniken, Lehmarchitektur. 9. Auflage, ökobuch Verlag, Staufen bei Freiburg (2017)
- Mollison, Bill: Handbuch der Permakultur-Gestaltung. 3. Auflage, Österreichisches Institut für angewandte Ökopädagogik – Permakultur – Akademie im Alpenraum, Stainz (2017)
- Storl, Wolf Dieter: Bekannte und vergessene Gemüse. Botanik, Geschichte, Heilkunde und Anwendungen. 4. Auflage, AT Verlag, Aurau, Schweiz (2020)
- Strassmann, Renato: Urpflanzen. Kraft, Magie und Weisheit alter Heilpflanzen, Von Farnen, Flechten und Moosen. 1. Auflage, Freya Verlag, Linz (2016)
- Tinz, Sigrid: Friede den Maulwürfen. Bösewichte und Plagen im Garten – und wie wir mit ihnen klarkommen. 1. Auflage, pala-verlag, Darmstadt (2019)

freya BUCHTIPPS

Ellen Huber

Pflanzenschätze der Ahnen

Alte Heilkunst und aktuelle Forschung

Im Bereich der Heilpflanzen verbindet die Autorin auf grandiose Weise. So finden viele Heilwirkungen, die schon unsere Vorfahren erkannt hatten, ihre Bestätigung durch heutige Forschungsergebnisse im Bereich der Biologie und Medizin.

Tipps für den Anbau im eigenen Garten runden das Buch ebenso ab wie wunderbare Fotos.

ISBN 978-3-99025-286-4

Kevin Johann

Gold der Bäume

Harze, Gummis und Balsame als Heilmittel und Räucherstoffe

Betäubung und Segnung, Räucherstoff und Heilmittel. Der Mensch verwendet Baumharze seit Jahrtausenden. Bis heute begleiten sie ihn in Medizin, Technik, und in rituellen Handlungen. Kevin Johann beschreibt Gewinnung und Anwendungen von Harzen und weiteren pflanzlichen Ausscheidungen wie Gummis und Balsame.

Die ethnobotanische Abhandlung schafft Klarheit in der Benennung der Pflanzenharze und lädt den Leser ein, die über 70 verschiedenen Exsudate neu zu entdecken.

ISBN 978-3-99025-412-7